AF454344

Kunst, Psyche und Wirtschaft

Arnold Kitzmann

Kunst, Psyche und Wirtschaft

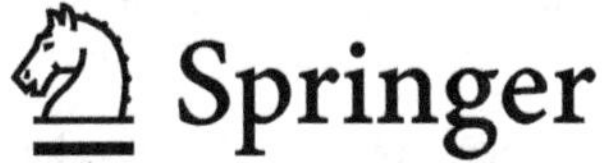 Springer

Arnold Kitzmann
Münster, Deutschland

ISBN 978-3-658-45529-3   ISBN 978-3-658-45530-9 (eBook)
https://doi.org/10.1007/978-3-658-45530-9

Die Deutsche Nationalbibliothek verzeichnet diese Publikation in der Deutschen Nationalbibliografie; detaillierte bibliografische Daten sind im Internet über https://portal.dnb.de abrufbar.

Einbandabbildung: Adobe Stock | # 578239356

Planung/Lektorat: Irene Buttkus
Springer ist ein Imprint der eingetragenen Gesellschaft Springer Fachmedien Wiesbaden GmbH und ist ein Teil von Springer Nature.
Die Anschrift der Gesellschaft ist: Abraham-Lincoln-Str. 46, 65189 Wiesbaden, Germany

Vorwort

Kunst hat etwas Faszinierendes. Sie ermöglicht neue Sichtweisen auf die Realität und macht uns klar, dass wir nur
einen kleinen Teil der Realität erfassen. Die verschiedenen
Bereiche der Kunst verschaffen uns sehr unterschiedliche
Möglichkeiten, unsere eigene Begrenztheit zu erkennen
und Chancen zu entdecken, das eigene Bewusstsein zu erweitern. Kunst spricht unsere Gefühle, unseren Verstand
und unsere Metaphysik gleichermaßen an. Sie erweitert
unsere Lebensbereiche und adressiert unsere Ästhetik.

Ludwig Erhard, einer der erfolgreichsten deutschen
Wirtschaftsminister und 1963 bis 1966 auch Bundes-
kanzler, sagte einmal: „Wirtschaft besteht zu 50 % aus
Psychologie."[1] Viele Entscheidungen in der Wirtschaft sind
tatsächlich psychologischer Natur. Gleiches gilt für die
Kunst: Auch sie ist stark von der Psychologie geprägt.

---

[1] https://www.kalaidos-fh.ch/de-CH/Blog/Posts/Archiv/wp-1121-Wirtschaft-
ist-Psychologie.

Für interessante Anregungen zu diesem Buch danke ich meiner Frau Elisabeth und meinen Kindern Dr. Jana Völkel-Kitzmann und Dr. Gunnar Kitzmann. Auch meine Lektorin, Frau Gisela Gottbrath, hat mich sehr bei der Arbeit unterstützt. Zudem bedanke ich mich bei Frau Irene Buttkus und Frau Birgit Borstelmann vom Springer-Verlag.

Münster Deutschland   Arnold Kitzmann

Inhaltsverzeichnis

1

Vom Wesen der Kunst – Kunst aus philosophischer Sicht

Seit ihren ersten Anfängen kreist die Philosophie immer auch um die Kunst, sucht ihr Wesen, ihren Gegenstand und ihren Zweck zu ergründen und zu bestimmen. Entsprechend zahlreich sind die Deutungsversuche, die in nahezu drei Jahrtausenden von Denkern und Theoretikern unternommen wurden.

Kunst als Weg zur Erkenntnis

Friedrich Nietzsche (1844–1900) unterscheidet in der Kunst zwischen dem Dionysischen und dem Apollinischen. Dabei verkörpert die Musik für ihn das Rauschhafte und Mythische. Nietzsche zufolge ist die Welt überhaupt nur aus einer ästhetischen Perspektive heraus zu ertragen, wobei er im Apollinischen – im Gegensatz zum Dionysischen – das Maßvolle erblickt. Allein in der Kunst liegt für ihn die ganze Menschenwürde begründet.

Das Dionysische und das Apollinische stellen ein Gegensatzpaar dar, das Nietzsche in seinen Überlegungen herausgearbeitet hat, das die antike Kunst und Kultur besonders gut beschreibt. Dabei charakterisieren sich Lyrik und Musik durch den gleichen Hintergrund, denn beide verbindet das Rhythmische und Melodische. Insbesondere die Beschäftigung mit der Kunst ist daher in der Lage, die Lethargie des Menschen zu überwinden und auch die negativen Seiten des Lebens auszugleichen. Ein jeder Dichter, ein jeder Komponist, ein jeder Künstler fühlt im Akt der Schaffung von Kunst dabei vor allem das dionysische Prinzip in sich wirksam. Durch diese Erregung, diese besondere Schwingung ist er imstande, sein Publikum zu verzaubern und ihm zugleich neue Erkenntnis- und Erfahrungsmöglichkeiten und -welten zu eröffnen.

Als geeignetstes Medium, die Emotionen anzusprechen, wird die Tragödie erachtet, denn sie ist es, die in der Lage ist, einen Mythos am ausdrucksvollsten und nachdrücklichsten darzustellen. Erachtete Sokrates (4. Jh. v. Chr.) beispielsweise das *Denken* als das vorzüglichste Mittel zum Erkenntnisgewinn des Menschen, ist es Nietzsche zufolge allein der Kunst gegeben, die Realität, das Wahre, widerzuspiegeln. Sokrates glaubte an die Macht der Erkenntnis, für Nietzsche hingegen ist es der wahrhafte Künstler, dem allein es vergönnt ist, auf dionysische Weise die Wirklichkeit zu reflektieren. Dabei hängen, wie gesagt, für ihn Tragödie, Mythos und Musik sehr eng zusammen. Wahre Kunst, so Nietzsche, kann nur entstehen, wenn apollinisches und dionysisches Denken in einem Kunstwerk zueinanderfinden.

Mit unserer intellektuellen Erfahrung stoßen wir sehr rasch an Grenzen, die uns die Realität nur teilweise und bruchstückhaft erkennen lassen. Musik und der tragische Mythos hingegen, die oftmals zusammengehören, sind die beiden Komponenten, die uns das Wahre spiegeln. Mit der

Tragödie triumphiert das Gefühl über den Verstand. Die Skepsis gegenüber den Wissenschaften ist Ausdruck einer im wahrsten Sinne des Wortes *un*begrenzten Realität, die sich auf wissenschaftliche Weise eben immer nur *teilweise* erfassen lässt. Einzig die Kunst ermöglicht es uns, unser Bild, das wir von der Welt haben, zu weiten und zu vergrößern. Das Apollinische steht für Nietzsche dabei für das kontrollierende Bewusstsein, das Dionysische hingegen für das maßlose Unterbewusste.

Die Frage nach der Einheit der Kunst

Der Diskurs über die Frage nach der Einheit der Kunst hat seit jeher kontroverse Debatten ausgelöst. Die verschiedenen Bereiche der Kunst – Musik, darstellende Künste, Literatur – sich nur schwer unter spezifischen Kriterien problemlos zusammenfassen. So drücken die Künste etwa für Hegel (1770–1831) eine sinnliche Präsentation geistiger Inhalte aus. Wittgenstein (1889–1951) prägte später den Begriff der ‚Familienähnlichkeit der unterschiedlichen Künste‘, worunter er verstand, dass die Künste unterschiedliche geistige Inhalte ausdrücken und auf sinnliche Art darstellen. Zugleich wird die Einheit der Künste aber immer auch wieder hinterfragt. Zudem wurde ebenso die Unterscheidung zwischen Künsten und Nicht-Künsten sehr kontrovers behandelt und lässt sich keineswegs immer eindeutig bestimmen und trennscharf festlegen. Überdies reichen historisch-kulturelle Kontexte allein nicht aus, um die Künste zu definieren beziehungsweise den Kunstbegriff enger zu fassen und einzugrenzen.

Kant (1724–1804) betrachtete Kunst als Weg der Erkenntnis. Für ihn gehört die Kunst – ebenso wie die Philosophie – unabdingbar zur menschlichen Kultur. Kunst wird als eine menschliche Ausdrucksmöglichkeit betrachtet: Der

Künstler hat bestimmte Erfahrungen durchlebt und erlebt, ehe er sie sodann in seinem Kunstwerk kommuniziert. Insofern ist Kunst nicht nur Ausdruck von Wahrnehmung, sondern primär eine Darstellung des geistigen Verstehens. Für Kant muss ein Mensch zum echten Künstler geboren sein, denn in der echten Kunst spiegelt sich ihm zufolge die vereinigte Kultur aller Gemütskräfte. In der Musik sprechen Empfindungen *ohne* Begriffe zu uns. Echte Kunst hinterlässt auch einen dauernden Eindruck auf unser Gemüt.

Epikur (2. Jh. v. Chr.) war einer der bedeutendsten Philosophen der letzten zweitausend Jahre und ist auch heute noch für viele Menschen bedeutungsvoll in seinem Denken und seiner Wirkung. Zwar wiederholte sich die Kritik durch das Christentum an diesem Philosophen durch die Jahrhunderte immer wieder, zugleich wurden jedoch stets die sehr hohen ethischen Standards erkannt und gewürdigt, die Epikur in seinem Nachdenken über Mensch und Welt äußerte. Und so hat er nicht zuletzt auch nachdrücklich die theoretischen Überlegungen zur Kunst bis in unsere Zeit immer wieder geprägt.

Für Epikur hatte das eigene Luststreben des Menschen dort seine Grenzen, wo Mitmenschen entweder geschädigt werden oder aber der Mensch sich selbst Schaden durch negative Beeinträchtigungen zufügt. Die Bedeutung Epikurs findet sogar – um nur ein Beispiel zu nennen – ihren Niederschlag in der amerikanischen Unabhängigkeitserklärung von 1776, denn nur wer gerecht und maßvoll lebt, so Epikur, führt ein zufriedenes Leben und das lustvolle Leben stößt dort an seine Grenzen, wo es andere beeinträchtigt. Thomas Jefferson selbst bekannte einmal in einem Brief, Epikureer zu sein und wurzelt demnach bis in das Gedankengut der Antike. Die Ataraxie, die Abwesenheit von Schmerz, ist ein weiteres zentrales Ziel bei Epikur, das es anzustreben gilt.

Für Epikur kommt in der Kunst die wahre Erkenntnis *nicht* zum Ausdruck. Auch der sinnliche Genuss über die Kunst ist nicht generell vorhanden. Vielmehr erblickt er in der Kunst ein ‚geschwächtes‘ Genussmittel – und schließt sich damit der klassisch-griechischen Sichtweise an. So betrachteten die Sophisten (3. Jh. v. Chr.) beispielsweise die Kunst, ganz im Sinne Epikurs, als lediglich einen verhaltenen Umgang mit dem Nichtsein.

Die römische Kunst bestand aus der Assimilation verschiedener Kunstformen im Mittelmeerraum, ihre Vorbilder waren schwerpunktmäßig die griechische Architektur und Malerei. Insgesamt kam der Götterverehrung und den Mythen in der Kunst der Antike eine hervorgehobene, besondere Bedeutung und Funktion zu. Im diametralen Gegensatz hierzu übrigens beschreibt etwa die zeitgenössische Kunst vor allem die Kunst der Gegenwart. Bei ihr steht häufig nicht die Ästhetik im Vordergrund, sondern die Konzepte und Überlegungen der Künstler sind stattdessen von eminenter Bedeutung.

Auch auf Friedrich Nietzsche – und damit auf seine kunsttheoretischen Überlegungen – übte Epikur einen starken Einfluss aus, womit sich der Kreis zum Ausgangspunkt dieses Kapitels wieder schließt. Nietzsche erkannte in Epikur einen Meilenstein in der Philosophiegeschichte und sah seine enorme Bedeutung für die Ideen der Aufklärung. Der Mensch, so Epikur, solle sich lösen von falschen Mythen und Mythologien und sich stattdessen konzentrieren auf das freie Leben im Hier und Jetzt. Aufklärung und Sinnlichkeit werden dabei gleichermaßen betont. Es kommt nicht von ungefähr, dass bereits die berühmten römischen Schriftsteller Horaz (85–8 v. Chr.), Vergil (70–19 v. Chr.) und Lukrez (1. Jh. v. Chr.) Epikur wegen seines freien, fortschrittlichen Denkens bewunderten.

Das Ästhetische

Selbstverständlich steht in besonderer Weise die Ästhetik im Zentrum der Kunst. Dabei handelt es sich um eine spezielle Form sinnlicher Wahrnehmung, mit deren Hilfe das Schöne beschrieben, umschrieben und ausgedrückt wird. Kunst lässt sich also demnach auch als eine Art des Verstehens begreifen, vergleichbar etwa dem Erkenntniszuwachs in Wissenschaft und Philosophie. Das Verständnis vermittelt sich in der Kunst jedoch in sinnlicher Anschauung. Der Kunst geht es darum, sowohl Wahrheit wie Realität in einer sinnlichen Gestaltung wiederzugeben, wobei auch Gefühle und Leidenschaften angesprochen und evoziert werden sollen, die allein die Kunst hervorrufen kann.

Bei der Darstellung des Schönen handelt es sich jedoch lediglich um eine Facette der Kunst, den anderen großen Komplex bildet die Darstellung von ungewohnten Bereichen der Realität und eine neue Sicht hierauf. Damit verbunden eröffnen sich neue Erkenntnismöglichkeiten, die über die rein wissenschaftliche Erfassung von Wirklichkeit hinausgehen. Insbesondere Kant vertrat den Standpunkt, dass uns die Kunst wichtige Erkenntnismöglichkeiten eröffnet. Gerade das Zusammenspiel von sinnlichen und geistigen Aspekten lässt sich auf hervorragende Weise durch die Kunst miteinander verbinden und vermitteln. Zentral dabei ist immer ein besseres Erkennen und Verstehen unserer Realität. Geistige Dimensionen werden in der Kunst über sinnliche Anregungen zugänglich. Mittels Kunst erschließen sich uns Bereiche der Welt, die wir normalerweise so nicht wahrnehmen und auch nicht wahrnehmen können.

Vor allem Martin Heidegger (1889–1976) hat die Bedeutung der Wahrheitsfindung in der Kunst beschrieben. Mit ihrer Hilfe können wir einen weiteren Weg zur Welterschließung finden. Unser Wahrnehmungsvermögen sowie unser Erkenntnisvermögen erfahren durch sie eine erhebliche Erweiterung. Da sich die Wahrheit normalerweise immer nur annähernd und ansatzweise erkennen lässt, eröffnet uns die Kunst neue Wege und Möglichkeiten, bisher nicht gesehene und nicht erkannte Aspekte der Wahrheit zu erschließen – um damit andere und neue Sichtweisen auf die Realität zu gewinnen.

Nach Adorno (1903–1969) führt die Kunst zu einer Irritation und zu einem Infragestellen unserer Wahrnehmungs- und Verständnisweisen. Und gerade eben deswegen, weil unsere Wahrnehmung und unser Verständnis begrenzt sind, kann die Kunst uns neue Möglichkeiten aufzeigen und unser Erkenntnisvermögen steigern. Kunstwerke sind somit nicht nur mit unserer Wahrnehmung verknüpft, sondern ihnen liegt zugleich immer auch eine Frage des dahinterliegenden Verstehens zugrunde. Und daher verwundert es eben auch nicht, dass sich die Philosophie, seit wir von ihr wissen, bereits in ihren Anfängen immer auch mit Fragen der Kunst befasst hat.

Kriterien für Kunst

Hegel (1770–1831), Kant (1724–1804), Heidegger (1889–1976) und Adorno (1903–1969) – um nur einige zu nennen – haben sich intensiv mit philosophischen Fragen zur Kunst beschäftigt und dabei selbstverständlich Fragen der Ästhetik in den Mittelpunkt gerückt, da sie es ist, die sich auf das Schöne und Angenehme konzentriert. Immer taucht daneben aber auch die Frage danach auf, was denn überhaupt als Kunst gelten kann und was nicht.

Die Kriterien für Kunst, für das, was sie ausmacht, sind häufig sehr schwer zu fassen und zu beschreiben, zumal Kunst immer wieder unter sehr unterschiedlichen Gesichtspunkten betrachtet und untersucht wird. In diesem Zusammenhang interessant ist auch die Überlegung, ob und inwieweit Kunstwerke miteinander verwandt sind und ob sie gleiche Kriterien erfüllen. Ebenso bilden die individuellen Erfahrungen, die wir mit Kunstwerken machen, einen weiteren wichtigen Aspekt für die Bestimmung von Kunst.

‚Gute' Kunstwerke üben immer auch starke psychologische Wirkungen auf uns aus, deren wir uns häufig nicht einmal bewusst werden und die wir demnach also gar nicht reflektieren. Wenn wir Zusammenhänge zwischen Kunstwerken entdecken, müsste es im Grunde ebenso möglich sein festzustellen, ob auch Zusammenhänge zwischen den Erfahrungen existieren, die wir mit diesen Kunstwerken machen. Bei der Auseinandersetzung mit Kunst treten wir unweigerlich immer auch in Interaktion mit dem jeweiligen Kunstwerk, wodurch wir neue Bereiche unseres Selbst erkennen. Gleichermaßen lernen wir zudem im Austausch mit anderen Kunstbetrachtenden neue Seiten unseres Selbst kennen.

Die Wirkung von Kunst auf das Kunstpublikum

Nach Aristoteles (3. Jh. v. Chr.) bemisst sich der Wert eines Kunstwerkes nicht allein an seinem Wahrheitsgehalt, sondern auch an der Wirkung, die sie auf den Rezipienten, also den Betrachtenden, Hörenden oder Lesenden ausübt. Beides kann aber zugleich Wirkung zeitigen. Die Tragödie zum Beispiel spiegelt menschliche Konflikte wider und ruft zugleich in uns „Mitleid und Furcht" hervor, wie es Aristoteles in seiner *Poetik* ausführt. Der Tragödie geht es also nicht nur um das Evozieren von Gefühlen, vielmehr soll damit verbunden auch eine moralische Beeinflussung einhergehen. Es werden Affekte erzeugt, die zugleich dazu dienen, zu einem tieferen und umfassenderen Verständnis beizutragen, um Leben richtig zu gestalten. Kunst kann demnach Gefühle hervorrufen und dabei eine reinigende, kathartische Wirkung entfalten.

Für die Kunst ist immer die Nachahmung zentral. Durch sie kann sie auf höchst unterschiedliche Weise gleichermaßen Gefühle der Freude, der Erschütterung und des Glücks auslösen. Kunst soll stets auch die Wirkung des Unsichtbaren im Sichtbaren verdeutlichen. In der Nachahmung der Kunst wird die Realität lediglich andeutungsweise dargestellt, wobei oftmals auf Darstellungsmittel des Symbols und der Allegorie zurückgegriffen wird.

Die Wahrnehmung des Betrachters wird in der Kunst aber zugleich auf die Probe gestellt, um nicht zuletzt Reflexionen, Verunsicherung und Infragestellen aufseiten des Publikums zu erzeugen als Mittel zu Erkenntnisgewinn und Erlangung neuer Sichtweisen. Die Perspektive des Betrachters wird ein ums andere Mal auf die Probe gestellt, da ständig neue Blickwinkel und Zugänge zum Kunstobjekt möglich sind. Dies wird zumal in der modernen Kunst sehr bewusst vom Künstler erzeugt. Dabei kann er die Wahrnehmungen nicht immer beeinflussen, er kann sich jedoch darum bemühen, völlig neue Dimensionen zu entfalten. So imitiert Gerhard Richter (* 1932) beispielsweise mit malerischen Mitteln die Schwarz-Weiß-Fotografie. Dies geschieht in so täuschend echter Weise, dass sie unsere Wahrnehmung verunsichert. Gewohnte Sichtweisen werden buchstäblich enttäuscht. Unsere Wahrnehmung wird relativiert und damit das Erkenntnisvermögen hinterfragt bzw. gar gänzlich infrage gestellt.

In einem Kunstwerk kann ein Mensch sich über sein eigenes Schicksal erheben und eine neue Sicht der Dinge gewinnen. Die Kunst versucht, das hinter der sinnlichen Wahrnehmung Vermutete andeutungsweise sichtbar zu machen, in Erscheinung treten zu lassen. Ungewöhnliche geistige Zustände bis hin zur Irrationalität können der Anfang aller Kunst sein.

Wahre Kunst beschäftigt sich – auch – mit dem körperlich Schönen, das jedoch nicht allein körperlich sein muss. Ein guter Künstler kann sich zwar an dem Geschmack seines Publikums ausrichten und diesen Erwartungen entgegenkommen, er wird aber zugleich neue Dimensionen und Sichtweisen erschließen und diese in seinem Kunstwerk sichtbar machen. In guter Kunst drücken sich das Wesen der Natur und das Wesen des Menschen gleichermaßen aus. Allerdings ist dies keinesfalls für alle Menschen wahrnehmbar. Ein Künstler kann zum einen Nachahmer der Natur sein, zugleich aber über die vom Menschen empfundene Natur hinausgehen. Auf diese Weise eröffnet er neue, schwer fassbare Realitäten.

Immer wieder wird auch die Frage aufgeworfen, ob etwas für Kunst gehalten wird oder nicht. Die Meinungen gehen hier häufig weit auseinander, da sie sehr stark vom jeweiligen Kunstbegriff abhängen. Die Definition des Kunstbegriffs wird bestimmt von unterschiedlichen Parametern: von der Zeitepoche, von dem Kunstgenre und von der Sichtweise des Künstlers und des Betrachters. Aber Einigkeit herrscht weitgehend darin, dass, sofern es etwas gibt, wofür zu leben sich lohnt, dies die Betrachtung des Schönen sei.

Die Kunst und das Hässliche

Nach Hegel wird die Realität durch Kunst poetisch verklärt. Dabei darf sie sich jedoch niemals von der Wahrheit entfernen. Das oftmals von der Kunst angestrebte Ideal führt vielmehr unweigerlich zu einem Konflikt mit der Wahrheit, denn das Hässliche gehört ebenso zum Leben wie das Schöne. Die Kunst darf also nicht davor zurückschrecken, auch dem Hässlichen Raum zu geben, auf seine Darstellung darf um der Wahrheit willen keinesfalls verzichtet werden.

Auch in einer Idee müssen sich idealerweise alle ihre Facetten ausdrücken, da sie nur dann ein Abbild der Realität wiedergibt. Das Schöne kann sich stets auch ins Hässliche verkehren, mit all seinen Nuancen. Das Schöne ist im Übrigen ja überhaupt nur dann wahrnehmbar, wenn gleichermaßen die Vorstellung des Hässlichen als Gegenbild im Bewusstsein vorhanden ist. Wir müssen also genaue Vorstellungen vom Hässlichen mitbringen, um das Schöne überhaupt erst wahrzunehmen. Denn das Schöne verliert rasch all seinen Reiz, sofern nicht auch ein Bewusstsein des Hässlichen gegeben ist.

Zwar entspringt die Kunst der menschlichen Sehnsucht nach dem Schönen, gleichzeitig muss aber auch dessen negative Seite im Bewusstsein bleiben. Das Hässliche muss um der Wahrheit willen zum Ausdruck gebracht werden – und umso mehr kann auf dieser Folie auch das Schöne intensiver genossen werden. Ebenso eröffnet übrigens das Komische, wie Moses Rosenkranz (1940) ausführt, einen neuen Blick auf Schönheit und Hässlichkeit. Schönheit und Wahrheit lassen sich für ihn nur über das Komische zusammenbringen.

2

Der Kunstbegriff im Wandel der Zeit an ausgesuchten Beispielen

Der Kunstbegriff im Mittelalter

Nachfolgend soll zunächst die sich permanenten Änderungen unterworfene Sichtweise auf Kunst am Beispiel des Mittelalters im Vergleich zur Renaissance und zum Barock exemplarisch verdeutlicht werden:

Als Mittelalter wird die Epoche zwischen dem Ende der Antike und dem Beginn der Neuzeit bezeichnet, also etwa die Zeit zwischen dem 6. und dem 15. Jahrhundert. Während dieser Epoche stand die Kunst überwiegend im Dienst der Religion. Darstellungen in der irdischen Welt wurden als Chiffren des Göttlichen gesehen und als solche bezeichnet. Die Kunst wurde als Möglichkeit der Offenbarung Gottes betrachtet. Erst im 15. Jahrhundert befreite sich die italienische Kunst von der Religion. Wurden die sichtbaren Dinge bis dahin als Zeichen für Unsichtbares gedeutet, war die Kunst nun einem Wandel unterworfen, indem sie das Sichtbare in den Vordergrund stellen konnte.

© Der/die Autor(en), exklusiv lizenziert an Springer Fachmedien Wiesbaden GmbH, ein Teil von Springer Nature 2024
A. Kitzmann, *Kunst, Psyche und Wirtschaft*,
https://doi.org/10.1007/978-3-658-45530-9_2

Im Mittelalter wurde das von Gott kommende Gute mit dem Sonnenlicht gleichgesetzt. Die Schönheit der diesseitigen Welt stand für den Abglanz des Göttlichen. Gott war zwar nicht sichtbar, konnte aber im Sonnenlicht erfahrbar werden. In der Folge galt alles Helle als schön. Zudem wurden auch wohlproportionierte, harmonisch gegliederte Figuren ebenfalls als göttlich angesehen, wobei das sinnlich Schöne im Mittelalter durch das Licht eine besondere Hervorhebung, Steigerung und Erhabenheit erfuhr. In den schönen Dingen wurde gleichsam die Spur des Göttlichen erblickt. Alles Schöne macht dabei dem Betrachtenden deutlich, dass es eine höhere Wirklichkeit gibt, die sich jedoch nur erahnen lässt. Das sichtbar Schöne galt mithin als Abbild des Unsichtbaren.

Die Wirkung des Unsichtbaren sollte in der Kunst im Sichtbaren angedeutet werden. Gerade in der mittelalterlichen Kunst wurde daher die Darstellung des Symbols oder der Allegorie zentral, um auf diese Weise anzudeuten, dass sich das Unsichtbare nur indirekt wiedergeben lasse. Und insbesondere in der Abstraktion von der normalen Körperlichkeit zeigt sich die transmaterielle Bedeutung des Dargestellten. Galten in der Antike vor allem Symmetrie und Proportionen als Kriterien für Schönheit, erfuhr das Mittelalter eine Akzentverschiebung hin zum Symbolhaften. Während dieser Zeit dominierte die metaphysische Bedeutung der abgebildeten Objekte uneingeschränkt über jeden Realismus. Nicht die realistische Wiedergabe war entscheidend, sondern es waren der Symbolcharakter und die Symbolkraft.

Der Kunstbegriff in der Renaissance

Die Renaissance bezeichnet nicht nur eine kunstgeschichtliche Epoche, sie beschreibt vielmehr auch eine gesellschaftliche Revolution, die den Menschen erneut in den Mittelpunkt rückte. Mit der Wiederentdeckung antiker Texte und Statuen trug der humanistische Geist der Antike nach dem ‚düsteren Mittelalter' erneut Früchte und beflügelte die Denker des 15. und 16. Jahrhunderts. Anders als in den vorangehenden Epochen, war in der Renaissance nicht mehr der Sakralbau allein stilprägend. Durch den Wetteifer der Kunstschaffenden, sich gegenseitig in antiker Vollendung zu übertreffen, liefen Malerei, Skulptur und Architektur zu Höchstformen auf, unter anderem aufgrund der wachsenden sozialen Spannungen.

Insbesondere die italienische Kunst nahm früh, schon im 15. Jahrhundert, eine Vorreiterrolle ein, indem sie sich von den überkommenen Vorstellungen der engen Verknüpfung zwischen Kunst und Religion löste. Wurden bisher die sichtbaren Dinge lediglich als Zeichen für das Unsichtbare, für Transzendentes aufgefasst, erfolgte nun ein Perspektivwechsel: Die sichtbaren Dinge selbst wurden nun als Wirklichkeit angesehen und begriffen, denen sich die Kunst zuwenden musste. Die Welt wurde als *sichtbare* Realität wahrgenommen, und dies musste sich in der Kunst entsprechend ausdrücken. Die sinnliche Erfahrung diente der Kunst dabei als Bezugspunkt zur Realität. Das Sichtbare war damit nicht länger mehr bloßer Schein, sondern wurde begriffen als ein wesentlicher Teil der Realität. Das Auge erfasste nunmehr nicht nur die Oberfläche einer anderen, transzendentalen Realität, sondern nimmt die *wahre* Realität auf differenzierte Weise wahr.

Als schön empfinden wir etwas, wenn es uns möglich ist, die zugrunde liegenden Strukturgesetze zu erkennen. In der Schönheit drückt sich eine *objektive* Beschaffenheit aus, die unabhängig ist vom persönlichen Empfinden ist. Strukturgesetze bedingen die objektive Beschaffenheit des Schönen.

Die Renaissance versuchte, die Gesetzmäßigkeiten der Erscheinungen zu erfassen und in der Darstellung zum Ausdruck zu bringen. Der Künstler trachtet danach, die

Ordnungsprinzipien der Natur zu durchdringen und in der Realisation des Kunstwerks zum Ausdruck zu bringen. Die Ausgewogenheit der Proportionen etwa wäre ein Beispiel für die objektive Wiedergabe des Künstlers. Diese Proportionen drücken sich aber ebenso auch in Farben und Formen aus, die ein begabter Künstler auf besondere Weise sehr intensiv wahrnimmt. Die genaue Beobachtung der Natur und ihrer Gesetze bildet dabei für ihn die Grundlage.

In gelungener Kunst drückt sich immer auch ein harmonisches Beziehungsgefüge aus, das sich dem konzentrierten und genauen Betrachter auf Anhieb erschließt und welches er – bewusst oder unbewusst – wahrnimmt. Dabei bildet ein ‚guter' Künstler aber nicht nur das, was er sieht, getreulich und akribisch ab, sondern er verwirklicht in seinem Werk zugleich auch eine höhere geistige Ebene der Reflexion.

In der Interaktion von Mensch und Natur findet gelingende Kunst ihren Ausdruck. Durch die Wahrnehmung des Vorhandenen wird zugleich auch Neues geschaffen, das zuvor so nicht sichtbar war. Welterkenntnis und schöpferische Kraft bewegen den Künstler hin zu neuen Sichtweisen, die er an den Betrachtenden weitergibt. Die Gestaltungskraft der Natur erfährt so durch den Künstler eine Erweiterung, eine zusätzliche Dimension, und führt damit zu neuen Erkenntnissen, Ergebnissen und Reflexionen.

Der Kunstbegriff des Barock

Der Beginn des Barocks wird zeitlich als eine Epoche der Kunst- und Kulturgeschichte gegen Mitte des 17. Jahrhunderts verortet, mancherorts, insbesondere in Gebieten, die Schauplatz im Dreißigjährigen Krieg waren, aber auch später. Je nach geografischer Lage wird die Ära bis ins letzte Drittel des 18. Jahrhunderts terminiert. Das Barock umfasst also die Zeitspanne zwischen Reformation bzw. Renaissance und Aufklärung von etwa 1600 bis 1720, wobei es in Früh-, Hoch- und Spätbarock unterteilt wird. Keine Epoche der europäischen Kulturgeschichte ist so von Widersprüchen geprägt wie das Zeitalter des Barock.

Das Barock ist charakterisiert von Gegensätzen: Leben und Tod, Diesseits und Jenseits, Tugend und Wollust bilden typische Gegensatzpaare der Zeit. Das Weltbild ist überschattet vom Dreißigjährigen Krieg, wobei die Lyrik die bevorzugte literarische Gattung war. Infolge nicht zuletzt der geschichtlichen Umstände und des langen Krieges wurde die Malerei wieder verstärkt für Kirche und Religion funktionalisiert. Das Barock erfuhr in den europäischen Ländern eine sehr unterschiedliche Ausprägung, die sich einer verallgemeinernden Darstellung entzieht und auch abhängig ist von den jeweils vorherrschenden politischen Einflüssen.

Kriterien für den Stilwandel in der Kunst

Die Kunst ist immer wieder auch dem Stilwandel unterworfen. Ausdrucksformen ändern sich und nicht selten stellt die Durchsetzung eines neuen Stils zugleich einen Bruch mit dem Bestehenden dar. Der Wunsch nach Veränderung ist Ausdruck von Sinnsuche und verbindet sich mit neuen Sichtweisen und neuen Perspektiven auf die Realität. Der Sinn der Welt will sich im Kunstwerk ausdrücken, was sich allerdings unter sich stets wandelnden Vorzeichen vollzieht.

Zugleich ist für Künstler, die sich einem neuen Stil verschrieben haben, die bisherige, überkommene Darstellungsweise der Wirklichkeit nichts als Schein und Illusion, die am Wesentlichen vorbeigeht. Auch jedes Genie tritt in Opposition zu bisherigen Sichtweisen. Die gotischen Künstler wandten sich gegen die romanischen, die romanischen Künstler gegen die byzantinischen. Der bisherige, vorherrschende Stil wird angegriffen, neue Ausdrucksmöglichkeiten als Korrelation zu neuen Sichtweisen werden als reizvoll, ästhetisch und erhellend empfunden. Selbst in der Fotografie lassen sich Stilrichtungen erkennen, obwohl einstmals unterstellt wurde, dass mit diesem Medium alles gleich, nämlich unverfälscht wiedergegeben werde.

Gerade in der Malerei kommen Stile sehr deutlich und fassbar zum Ausdruck. Zeichen, Formen und Farben werden zu Chiffren eines neuen Stils. Mit dem Stil ist eine auferlegte Ordnung verbunden, die die menschliche Sicht stets neu erklärt. Sobald sich ein Stil durchgesetzt hat, breitet er sich über alle Kunstformen aus. Psychologisch gesehen lassen sich Gruppen und Anpassungsprozesse beobachten, die die Akzeptanz erhöhen. Die neue Sichtweise schafft auch neue Realitäten, die immer wieder als scheinbar wahr empfunden werden.

In der Kunstgeschichte spielen insbesondere die Ästhetik und die Psychologie eine wesentliche Rolle. In verschiedenen Kulturepochen verändert sich unablässig die Vorstellung davon, was als schön und außergewöhnlich reizvoll empfunden wird. Sowohl in der Antike wie im Mittelalter werden Schwerpunkte der Ästhetik gesetzt, die sich in der weiteren Entwicklung kontinuierlich immer wieder verändern. Auch war in der Rückschau ein ums andere Mal ein zyklischer Geschichtsverlauf zu beobachten: So erleben bestimmte Ausrichtungen einen Aufstieg und danach wieder einen Rückgang, um sich sodann in einem veränderten Wiederaufstieg erneut zu manifestieren. Es ist hochinteressant, den Stilwandel in der Kunst zu beobachten. Aus der historischen Entwicklung wie aus dem gewandelten und sich wandelnden kulturellen Umfeld heraus ergeben sich beständig neue Stilrichtungen.

Auch die Psychologie hat mögliche Erklärungen für die unterschiedlichen, sich ändernden und verändernden Stilrichtungen. Dabei ist der gesellschaftliche und kulturelle Hintergrund hierfür häufig ausschlaggebend. Die historische Auseinandersetzung mit der Kunst bietet gleichermaßen viele Erklärungsmöglichkeiten für den Wandel von Stilrichtungen und seine diversen Akzentuierungen. Überdies kommt der Globalisierung der verschiedenen Kunstbereiche, gerade im digitalen Zeitalter, eine nicht unerhebliche und ständig wachsende Bedeutung zu. Ästhetische und symbolische Zuschreibungen werden immer weiter hinterfragt und in neuen Zusammenhängen neu und anders gesehen.

Die Geschichtsverläufe werden in Epochen unterteilt bzw. bestimmten Epochen zugeordnet. Darin enthalten sind grundlegende Gemeinsamkeiten auch des formalen Ausdrucks. Zusammenhängende Abschnitte in der Kunst werden mit ihren stilistischen Charakteristika erfasst und voneinander abgegrenzt.

Es gibt unterschiedliche Periodisierungsschemata mit der Folge, dass auch die Epocheneinteilung unterschiedlich ist. In der Kunst/Kunstgeschichte sucht man nach verbindenden Merkmalen der Kunstgegenstände. Man kann auch von einem typischen Verlauf einer Kunstepoche ausgehen. So identifizierte Georg Friedrich Hegel drei Epochen: die symbolische, die klassische und die romantische.

Der Kunststil beschreibt die Menge der Eigenschaften, die für einen Stil verantwortlich sind bzw. ihn kennzeichnen. Nicht selten wehren sich die Kunstschaffenden gegen solche Zuordnungen zu einem bestimmten Stil.

3

Kategorien der Kunst

Kunst und Schönheit

Der Schönheitsbegriff wird in der Kunst sehr unterschiedlich gefasst. Es stellt sich in diesem Zusammenhang die Frage: Entsteht Kunst durch regelgeleitetes Tun oder aus einer spontanen Intuition heraus? Zu dem regelgeleiteten Tun, den Regeln, können Harmonie, Symmetrie oder Gegensätze gehören. Diese klassizistische Rationalisierung der Kunst wurde später ersetzt durch das Kriterium der ‚angenehmen Empfindung'. So rückte David Hume (1711–1776) die eigene Lust bei der Betrachtung eines Gegenstandes in den Vordergrund, das Evozieren angenehmer Gefühle bei der Betrachtung von Schönheit war für ihn zentral.

Wenn wir etwas Schönes sehen oder betrachten, löst dies unweigerlich angenehme Gefühle in uns aus, ohne dass wir diese Gefühle überhaupt genauer begründen können. Als schön und angenehm *empfinden* wir etwas, ohne die

Vernunft dabei einzuschalten. Das ästhetische Urteil kommt unabhängig von der Vernunft und von rationalen Gründen intuitiv zustande. Das Wohlgefallen an einem Kunstwerk tritt also autonom auf, ohne dass wir es immer vernunftmäßig untermauern könnten. Kunst ist somit dazu in der Lage, ein Gefühl zu vermitteln, das sich spontan einstellt und sich zudem häufig nicht einmal begründen lässt. Nicht ein wie auch immer geartetes Interesse löst dieses Gefühl aus, sondern dieses Wohlgefallen ist vielmehr eine spontane und vielfach auch unerklärliche Reaktion. Dabei wird das, was wir als schön empfinden, häufig nicht nur subjektiv von uns alleine so empfunden, sondern dieses ästhetische Gefühl stellt sich auch bei vielen anderen Menschen in der gleichen Weise ein.

Selbst rationale Erklärungen für Schönheit und Schönheitsempfindungen sind also oftmals nicht möglich, da Schönheit in vielen Fällen außerhalb des vernunftmäßig Erfassbaren liegt. Ebenso wie de Rezipienten ergeht es in dieser Hinsicht aber auch dem Künstler selbst, denn der Künstler agiert ebenfalls nicht selten nach eigenen Vorstellungen und Gesetzen. Kunstwerke setzen zuweilen eben neue Maßstäbe, die mit herkömmlichen Regeln nicht zu beschreiben waren oder sind. Der ‚geniale' Künstler ist oftmals nicht durch den Verstand geleitet und kann dennoch intensive Emotionen auslösen. Ein ausdrucksstarkes Kunstwerk lässt sich häufig auch nicht mit Begriffen umschreiben oder erfassen, da die Ideen und Gefühle des Künstlers Zugänge zu völlig neuen Sichtweisen ermöglichen, die außerhalb unseres sprachlichen Regelwerks liegen und damit auf diesem Wege nicht zugänglich sind.

Innovative ästhetische Ideen finden vielfach ihren Ausdruck auf der Gefühlsebene. Sogar die Künstler sind häufig außerstande zu artikulieren, auf welche Weise sie ihren Werken diesen oder jenen ästhetischen Ausdruck verliehen haben. Interessant in diesem Zusammenhang wäre sicher-

lich der Versuch, die Ursachen für ästhetische Empfindungs-
reaktionen zu ergründen und zu erfassen zu suchen. Da es
sich hierbei jedoch um Gefühlsreaktionen handelt, wird
sich die Ursachenanalyse verständlicherweise als enorm
schwierig herausstellen.

Vernunft und Gefühl

Vernunft und Gefühl haben in der Kunst gleichermaßen
ihre Daseinsberechtigung und müssen dementsprechend
auch gleichermaßen zum Ausdruck kommen. Denn beide
Seiten spiegeln das wirkliche Menschsein wider. Die Vernunft darf das Gefühl nicht unterdrücken und das Gefühl
darf die Vernunft nicht dominieren. Die Mannigfaltigkeit
der individuellen und teilweise widerstreitenden Facetten
der menschlichen Persönlichkeit muss sich in der Kunst
ausdrücken und dort ihren Niederschlag finden. Rein rationale Einsichten reichen eben nicht aus, um das Menschsein widerzuspiegeln und ihm gerecht zu werden. Vielmehr
gilt es, vernunftgemäße Einsichten und Wahrheiten in Gefühlen zu verankern. In der Kunst lässt sich dies in besonderer Weise verwirklichen, da hier die Möglichkeit gegeben ist, sehr unterschiedliche und selbst konträre Aspekte
miteinander zu verbinden.

Die Kunst ist in der Lage dazu, die Natur zu erweitern
und über das Wahrnehmbare hinauszugehen. Alle Erscheinungen des Wahrnehmbaren lassen sich in der Kunst
zum Ausdruck bringen. Ergänzend können die Formen der
Persönlichkeitskraft des Künstlers dem Werk ganz neue
und ungeahnte Aspekte hinzufügen. Kunst stellt somit die
optimale Verbindung zwischen Sinnlichkeit und Vernunft
her und lässt sich mit ihren Mitteln zum Ausdruck bringen.

Gerade der dem Menschen innewohnende Spieltrieb ermöglicht Friedrich Schiller (1759–1805) zufolge den Zu-

gang zu völlig neuen Dimensionen und Sichtweisen, in deren Gefolge innovative Ausdrucksformen entstehen. Gute Kunst spiegelt stets die Verbindung von Empfindung und Vernunft wider. Der Spieltrieb erzeugt hierbei Möglichkeiten, beide Pole miteinander zu verbinden. Das Menschsein kann sich in der Kunst erst dort ganz und umfassend ausdrücken, wo der Spieltrieb des Menschen zur Entfaltung kommt, wobei ein wesentliches Kennzeichen – und Regulativ – wirklicher Kunst stets die Freiheit des Geistes ist. Nur wenn die leidenschaftliche und die vernunftbestimmte Seite zusammenkommen und auf spielerische Weise zu einem Ausgleich finden, entsteht gute Kunst.

Kunst kann über die Wirklichkeit hinausgehen, kann die Realität transzendieren und auf diese Weise neue Erkenntnismöglichkeiten eröffnen. Ein guter Künstler ist zudem dazu in der Lage, seine eigene Wirklichkeit zu schaffen, indem er gewohnte Bahnen verlässt. Die Freiheit des Künstlers darf weder durch Formen noch durch Auflagen eingeschränkt werden, wobei der Weg zur Freiheit in der Kunst nicht selten und gerade auch über die Schönheit führt.

Kunst und Geistigkeit

Für Hegel zeigt sich die Schönheit eines Kunstobjekts immer in der in ihm in Erscheinung tretenden Geistigkeit. Erst wenn wir über das Materielle hinausgehen und die dahinterliegende Geistigkeit entdecken, nehmen wir etwas als Kunst wahr. Insofern kann es für Hegel echte Schönheit nur und ausschließlich in der Kunst geben, da Idee und Geist sich hier auf stets indirekte Weise manifestieren und sichtbar werden. Ideen lassen sich in der Kunst am besten und eindrücklichsten verwirklichen, da die Kunst das Wahrnehmbare transzendiert. Insofern muss wahre Kunst von der Zeitlichkeit und Endlichkeit befreit werden, da nur dann erst eine Idee in Erscheinung treten kann. Da Kunst das ‚normal Wahrnehmbare' übersteigt, kann sich auch in ihr die Wahrheit am besten ausdrücken.

Der einzige Zweck der Kunst für Hegel ist, die Wahrheit unvermittelt darzustellen. Das Sinnliche sollte in ihr stets auf Geistiges verweisen – und dies häufig in einer schwer nachvollziehbaren Weise. Die äußere Darstellung soll auf die dahinterliegende Idee hindeuten und somit eine neue Wirklichkeit schaffen. Daher gilt es nicht, in der Kunst die Natur lediglich nachzuahmen, da echte Kunst ja eben gerade die Geistigkeit des Menschen spiegeln soll. Die Darstellung der Natur ist also bloß Ausgangspunkt der Kunst und dient der Erfassung der tieferliegenden Ideen und einer unbewussten Geistigkeit.

Aufgabe der Kunst ist es, die Wahrheit deutlich in Erscheinung treten zu lassen, um so dem Menschen neue Sichtweisen zu ermöglichen. Dem gewöhnlichen Dasein sollte es mittels Kunst ermöglicht werden, ihm neue Wege zu eröffnen, in neue Bereiche vorzustoßen und so den Menschen zu bereichern. Dabei kann eine rein sinnliche Darstellung die Wahrheit immer nur andeutungsweise wiedergeben, da viele Ideen das Sinnliche und Wahrnehmbare überschreiten.

In der Kunst kommt beständig auch Originalität zum Ausdruck, da es immer Vor-Denker sind, die neue Ideen kreieren, ihnen zum Durchbruch verhelfen und sie durchsetzen. Dabei bilden das Sicht- und Hörbare immer wieder lediglich den Ausgangspunkt für neue Ideen und die Schaffung neuer Realitäten. Ästhetische Formen erleichtern uns hierbei den Zugang zu neuen, ungewohnten Sichtweisen und Einsichten, da durch diese Formen angenehme Gefühle in uns erzeugt werden, die unsere Einsichtsfähigkeit und unsere Fantasie beflügeln.

Kunst und Deformation

Das Leben ist nicht immer schön, insofern drückt sich auch in der Kunst nicht immer nur das Schöne aus. Denn wahre Kunst muss stets die *ganze* Realität abbilden. Auch dem Hässlichen, Deformierten muss Raum in der Kunst zugestanden werden und es ist darzustellen, da es um ein wahres Abbild gehen muss. Die Kunst darf sich von daher nicht nur auf das Schöne beschränken und andere Aspekte der Wirklichkeit ausblenden. Zudem kann sich das Schöne durchaus äußerst rasch in das Hässliche verwandeln – wie es eben in der Realität zuweilen auch vorkommt.

Das Schöne in der Kunst ist nur dann wirklich schön, wenn es auch wahr ist. Und das Schöne kann auch nur bestehen, wenn es seinen Gegenpol ebenfalls zulässt. Gegensätze sind also immer notwendig und unumgänglich, wenn es um die getreue Abbildung der Realität geht. Die Kunst kommt demnach nicht ohne das Deformierte aus. Zwar gibt es eine menschliche Sehnsucht nach dem Schönen und die meisten Menschen trachten auch danach, es zu genießen. Aber es stellt eben nur *einen* Aspekt der Realität dar, die in ihrer Ganzheit abzubilden die Kunst aufgerufen ist.

Gerade in der Darstellung des Komischen übrigens gelingt es zuweilen, das Schöne und Hässliche miteinander zu vereinen. Das Ideal von Schönheit und Wahrheit kann sich nur im Komischen widerspiegeln, denn die Gegensätze von Schönheit und Wahrheit werden dann in der Realität relativiert.

Kunst und Intuition

Zur Erkenntnis können wir auf zweierlei Weise gelangen: Entweder gehen wir vom Verstand aus, dann ist die gewonnene Erkenntnis zugleich auch gut nachvollziehbar.

Wir können auf der anderen Seite aber auch mittels unserer Fantasie die Dinge intuitiv erfassen. Während der Verstand uns die Dinge mit Begrifflichkeiten beschreibt, erzeugt die Fantasie Vorstellungsbilder, die durch unsere Intuition und Imagination entstehen. In der Kunst findet die Erkenntnisvermittlung besonders intensiv und nachdrücklich auf letztere Weise, nämlich durch Intuition statt. Nicht Raum und Zeit bestimmen das Kunstwerk, sondern unsere Assoziationen und unsere Gefühle. Mittels Intuition vollzieht sich eine aktive geistige Formung.

Erkenntnisvermittlung qua Intuition findet in der Kunst in besonderer Weise ihren Ausdruck. Ein ‚begabter‘ Künstler nimmt intuitiv mehr wahr, als der ‚normale‘ Betrachter vermuten kann und vermuten würde. Sobald ein Künstler intuitiv etwas erfasst, etwas erkannt hat, versucht er, dies mittels seiner eigenen Möglichkeiten auszudrücken. Dies eben ist die Bereicherung einer zusätzlichen Dimension, die die Kunst uns schenkt: Ein Künstler kann in der Regel mehr, weil sensibler erfassen, hat einen weiteren, tieferen Blick und verfügt zudem über die Gabe, seine Wahrnehmungen auch adäquat auszudrücken und umzusetzen, und zwar in stärkerem Maße, als es einem ‚normalen‘ Menschen möglich ist.

Kunst ist häufig zum Ausdruck gebrachte Intuition. Und sie ist immer auch gelungene Expression, die erst und nur möglich ist durch die besondere Begabung des Künstlers. Das, was der Künstler ausdrückt, steht im Vordergrund, und nicht das Objekt selbst, das er als Ausgangspunkt seiner Darstellung gewählt hat.

Maß, Rhythmus oder Klang unterscheiden ein Kunstwerk von der ‚normalen‘ Realität. Stimmungen und Fantasien drücken sich etwa in einem Gedicht aus. Hierbei spielen Metaphern eine besondere Rolle, da sich durch sie neue Erfahrungsbereiche erschließen lassen. In der Metapher können Weltzusammenhänge sichtbar werden, die wahrzunehmen wir sonst gar nicht imstande wären. Hugo von Hofmannsthal (1874–1929) spricht in diesem Zusammenhang von einem seltsam vibrierenden Zustand, der uns plötzliche Erleuchtungen ermöglichen kann. Durch die Metaphern erfahren wir neue Zugangsweisen zur Realität. So fordert von Hofmannsthal beispielsweise, dass sich die poetische Sprache vollständig von der Alltagssprache lösen solle, da sie nur dann geeignet sei, neue Seiten der Realität zu erkunden.

Wahrnehmung – Kunst versus Wissenschaft

Unter Wahrnehmung wird die sinnliche Vermittlung von Gegebenheiten verstanden. Über die fünf Sinnesorgane erhalten wir Eindrücke von unserer Umgebung, wobei der visuelle Sinn vorrangig ,gefüttert' wird, also sich hier vor allem Eindrücke manifestieren. Lediglich Nietzsche wandte sich gegen eine „Tyrannei des Auges", da er diesen Sinn in seiner Bedeutung für überbetont hielt.

Immer wieder wird die Frage aufgeworfen nach dem Zusammenhang zwischen Wahrnehmung und Wirklichkeit. Dabei wurde der Erkenntnis qua Verstand stets der Vorzug gegeben vor der Erkenntnis der Sinneswahrnehmung, erstere also als ,höherwertig' angesehen. Ob unsere Sinne uns ein getreues Abbild der Realität wiedergeben, steht jedoch immer aufs Neue als Frage im Raum. Auch Phänomene der Illusion und Halluzination werfen ungeklärte Überlegungen auf, da sie außerhalb der Sinneswahrnehmung liegen.

Kunst drückt sich besonders deutlich in der Erkenntnis des Schönen und Unmittelbaren aus. Auch bestimmte Gestaltmuster werden in ihr ins Bild gesetzt, also damit auch sichtbar und bewusst. Erst die Gesamtwahrnehmung, losgelöst von Einzelheiten, hinterlässt bei uns einen nachhaltigen Eindruck. Der ästhetische Status der Kunst wird allerdings nicht allein durch Wahrnehmungsstrukturen deutlich, sondern erst der jeweilige kulturelle Hintergrund gibt die Grundlage für dieses Empfinden. Zudem beeinflussen auch neuronale Konstruktions- und Filterungsprozesse unsere Wahrnehmung und also auch unser Kunstempfinden. Insgesamt wird unsere Wahrnehmung also durch unsere Sinnesorgane, durch neuronale Strukturen und durch unseren kulturellen Hintergrund beeinflusst, und somit also auch unser Rezeptionsverhalten von Kunst. Die Wahrnehmung als solche bietet demnach somit lediglich zu einem Teil eine hinreichende Erklärung für unser Kunstempfinden. Die Begrenztheit unserer Wahrnehmung ist vielmehr durch Kunst erst erweiter- und steigerbar, da sie uns neue, zuvor unbekannte Dimensionen eröffnet.

In diesem Zusammenhang steht die Beziehung zwischen Kunstwerk und Betrachter im Mittelpunkt. Wie erfolgt die Wahrnehmung von Kunst, welche Assoziationen werden ausgelöst und wie sind die emotionalen Reaktionen zu erklären? Auch der künstlerische Schaffensprozess an sich wird untersucht, um wissenschaftlich nachzuvollziehen, welche vielfältigen und komplexen Faktoren hier hineinspielen und miteinander interagieren. Kunst kann unsere Wahrnehmung erheblich beeinflussen, auf einer bewussten wie auf einer unbewussten Ebene gleichermaßen setzen wir uns beim Betrachten der Kunst aus.

4

Kunstkonzeptionen in der Geistesgeschichte

Der Kunstbegriff bei Heidegger

In der Kunst spiegelt sich Heidegger zufolge die Wahrheit wider. Sie eröffnet einen spirituellen Zugang zur Welt, der sich außerhalb der normalen Wahrnehmung vollzieht. Von daher lassen sich die Werke der Kunst ganz selbstverständlich auch nicht an ihrem Nutzen bemessen. Die Kunst erschließt und entdeckt die Welt, wie wir sie normalerweise nicht wahrnehmen. Sie ist, in Heideggers Worten, „ins Werk gesetzte Wahrheit". Diese Wahrheit ist für ihn zugleich eine „Unverborgenheit", die sich uns auf eine besondere Weise erschließt. Unsere Selbstwahrnehmung ist immer auch untrennbar verbunden mit der Wahrnehmung der Welt.

Zentral für Heidegger ist zudem die Selbstständigkeit des Menschen, der sich möglichst wenig von anderen beeinflussen lassen sollte. Gerade in der Tätigkeit des Künstlers kommt dies deutlich zum Ausdruck, da er seine Kunst-

© Der/die Autor(en), exklusiv lizenziert an Springer Fachmedien Wiesbaden GmbH, ein Teil von Springer Nature 2024
A. Kitzmann, *Kunst, Psyche und Wirtschaft,*
https://doi.org/10.1007/978-3-658-45530-9_4

werke in völliger Unabhängigkeit schaffen kann. Auch die menschliche Endlichkeit wird in Kunstwerken immer wieder thematisiert und sichtbar. Hierauf geht Heidegger ausführlich insbesondere in seinem Buch *Sein und Zeit* ein. Und gerade dieses Bewusstsein unserer Endlichkeit muss uns zu einem selbst gewählten Leben führen.

Die verschiedenen Zeitepochen lassen erkennen, dass der Mensch seine Welt jeweils sehr unterschiedlich erlebte. Die Kunst eröffnet uns Einblicke in den Wandel der Zeitläufe mit ihren zeitabhängigen Erkenntnismöglichkeiten und ihren variierenden Welt-/Gesellschaftsbildern und verleiht diesen einen entsprechenden Ausdruck. Immer wieder existierten – und existieren – eingeschränkte Sichtweisen auf die Welt, die sich auch in der Kunst ausdrücken. Und es sind gerade auch Künstler, die sich immer wieder einen spirituellen Zugang zur Welt jenseits des rational Erfassbaren erschließen. Insbesondere die Technik und die digitale Welt bergen die Gefahr, dass uns ein komplexerer Zugang zur Welt mit ihren Geheimnissen verwehrt bleibt.

Heidegger hebt als besondere Qualitäten Gelassenheit und Offenheit als Grundvoraussetzungen der menschlichen Wahrnehmung hervor. Die wesentlichen Dinge des Lebens erschließen sich nämlich eben nur *außerhalb* der technischen und digitalen Welt. Wir dürfen unsere Identität nicht ausschließlich in digitalen Räumen widerspiegeln, sondern müssen sie auch außerhalb der aktuellen realen Gegebenheiten suchen und wahrnehmen. Wir nutzen viele Techniken in vollem Umfang, die uns zugleich aber auch den Weg und die Zugänge zu einer tiefsinnigen und tiefgehenden Wahrnehmung unserer Umwelt verstellen. Nicht zuletzt und gerade Technik und Digitalisierung können Lebenszusammenhänge verbergen, die außerhalb unserer normalen Wahrnehmung liegen.

Der Kunstbegriff bei Nietzsche

Wissenschaft und Kunst stehen im Zentrum der Philosophie Nietzsches (1844–1900), wobei die Antike den Referenzpunkt bildet. Die ewige Wiederkehr des Gleichen ist bei Nietzsches Überlegungen ein zentraler Gedanke, bei dem Kunst und Wissenschaft eine Einheit bilden. Die Theaterdarstellungen dienen dazu, dem Menschen einen Spiegel vorzuhalten. Hier, auf der Theaterbühne, kam für Nietzsche der Gegensatz von Kunst und Natur besonders nachhaltig zum Ausdruck, wobei sich der Künstler häufig zu etwas Höherem berufen fühlt und entsprechend versucht, dieses Ziel mit den ihm zur Verfügung stehenden darstellerischen Mitteln auszudrücken und zu kommunizieren.

Nietzsches Kunstbegriff gründet auf dem Glauben an die Inspiration. Ob sich dadurch allerdings tatsächlich neue Erkenntnisse zutage fördern lassen, daran hatte er seine Zweifel. Denn dem Künstler ist es, so Nietzsche, zu stark um die Wirkung, die er auslösen und entfalten kann, getan. Die Wirkung aber geht nicht notwendig immer auch mit neuer Erkenntnis einher.

Der Glaube an eine Inspiration gestattet dem Künstler das Vordringen in neue Bereiche. Die Inspiration scheint eine neue Ebene zu eröffnen, um zu weiteren, tieferen Sichtweisen vorzudringen. Für Nietzsche reicht diese Inspiration allein aber nicht aus, um zu neuen Erkenntnissen zu gelangen. Vielmehr glaubt er, dass der Künstler immer nur neue Sichtweisen erahnen könne, die von der Wissenschaft dann zu verifizieren wären.

Nietzsche entwickelt eine völlig neue Sicht auf die Kunst, da ihn vor allem die Irrtümer in der Menschheitsgeschichte interessieren. Die Kunst, so ist er überzeugt, kann die Realität immer nur andeutungsweise abbilden, da auch sie stark beeinflusst ist von Mythen, Metaphysik, Theorien und individuellen Sichtweisen. Nietzsche selbst begreift sich in diesem Zusammenhang als freien Geist, der alle Grenzen der Sichtweise hinterfragt. Er ist nachhaltig geprägt von den Ideen der Aufklärung, die alles infrage stellt. Für ihn existiert keine ewige Wahrheit und kein Ding an sich. Dieses Postulat, so unterstreicht er, ist auch auf die Kunst anzuwenden, da ihre Einbettung in zeitliche und kulturelle Zusammenhänge immer mitbedacht werden müsse.

Kunst lebt – auch – von Assoziationen und Analogiebildungen. Die Sichtweise des Künstlers spiegelt sich in seinem Werk wider. Seine individuelle Entwicklung löst spezielle Assoziationen und Bilder aus, wobei jeder Künstler subjektiv davon überzeugt ist, dass er die Realität wiedergibt. Der Künstler ist in Nietzsches Konzeption zugleich immer auch ein wenig Philosoph, der einen tieferen Einblick hat oder zumindest darum ringt.

Die Wahrnehmung des Betrachters wird vom Künstler stets erneut auf die Probe gestellt. So imitiert Gerhard Richter (* 1932) beispielsweise mit malerischen Mitteln die Schwarz-Weiß-Fotografie. Abgemalte Fotografien etwa verwandelte er in verschwimmende Ansichten. Das Typische wird bei diesem Prozess verfremdet dargestellt und eröffnet neue Zugänge, Perspektiven und Sehgewohnheiten.

Nach Nietzsche sind im Künstler die beiden Urkräfte des Traumes und des Rausches verankert, wobei beide Zustände die Realität spiegeln. Sprache und das Melodische sind für Nietzsche miteinander verwandt, das Rhythmische findet sich im Sprachlichen wie im Melodischen gleichermaßen wieder.

Die Musik ist die ursprünglichste und wirksamste aller Künste, wie Nietzsche immer wieder darlegt. Gerade das Unbewusste kommt in der Kunst besonders stark zum Ausdruck. Der wahrhafte Künstler bleibt der dionysischen Tiefe der Musik verhaftet. Tragödie, Mythos und Musik hängen für Nietzsche sehr eng miteinander zusammen. Dabei werden rationale Erkenntnisse immer wieder zugunsten hochemotionaler Aussagen zurückgestellt. Nietzsche ist überzeugt, dass allein in der Kunst die Überwindung des Weltlichen erfahrbar wird. Das kontrollierende Bewusstsein steht ständig von Neuem dem ungeregelten, maßlosen Unterbewusstsein gegenüber, die Realität aber erfährt gerade durch das Unterbewusstsein in erheblichem Maße ihre Spiegelung.

Vor allem die Kunst und Literatur des 20. Jahrhunderts ist stark von Nietzsches Gedankengut beeinflusst, er stellte die abendländische Metaphysik radikal infrage und schaffte so auch ein neues Kunstverständnis. Thomas Mann und Martin Heidegger bezogen sich wieder und wieder auf Nietzsches Kunstverständnis. Indem er viele überkommene kulturelle Ideen hinterfragte und skeptisch einordnete, war es fast zwangsläufig, dass damit zugleich auch die Ausprägung eines völlig neuen Kunstverständnisses einherging. Kunst und Wissenschaft bildeten für Nietzsche Gegensätze, die sich gleichwohl gegenseitig stark beeinflussen. So sah er die Kunst dazu in der Lage, neue Sichtweisen zu eröffnen, die von der Wissenschaft (noch) weit entfernt sind. Kunst kann somit zu Erkenntnissen verhelfen, hinter denen die Wissenschaft mit ihren Einsichten weit zurückbleibt.

Der Kunstbegriff bei Schopenhauer

Schopenhauer (1788–1860) zieht die Erkenntnisfähigkeit des Menschen extrem in Zweifel. Die Sicht über die Welt ist für ihn lediglich Ausfluss unserer mangelhaften Vorstellung. Die treibende Kraft, so Schopenhauer, ist einzig der Wille des Lebens, der losgelöst von Zweck und Vernunft existiert. Schopenhauer begreift den Willen als grundlos waltende Macht, Leben aus seiner Sicht besteht aus nicht beeinflussbaren Leiden. Einzig der Künstler kann dem Kreislauf des Willens entgehen, da er über eine völlig eigenständige Sicht der Dinge verfügt. Normalerweise sind wir nie dazu imstande, die Welt so zu erkennen, wie sie wirklich ist, es ist uns mit unseren Sinnen schlichtweg nicht möglich. Von daher ist die Welt nichts anderes als ein Ausdruck unserer Vorstellung. Der Wille allein ist die Kraft, die alles Leben ermöglicht.

Schopenhauer beschrieb bereits vor Freud (1856–1939) das Unbewusste und Irrationale, das den Menschen bestimmt. Alles, was wir über die Welt wissen, wissen wir allein über unsere Sinne. Wir können die Welt nie so erkennen, wie sie wirklich ist, vielmehr formen wir die Welt mit unseren Sinnen und mit unserem Verstand. Dabei ist der Wille nach Schopenhauer die universale Kraft. Eine höhere Erkenntnis kann der Mensch einzig durch Kontemplation erlangen.

Allein der Kunst ist es möglich, die Ideen *hinter* den Vorstellungen sichtbar zu machen. Dem Künstler und nur ihm ist es gegeben, bis zur Idee eines Objektes vordringen, insbesondere dem genialen Künstler. Auch im Kunstgenuss wird es uns möglich, geniale Ideen wahrzunehmen und über sie zu reflektieren. Ein Kunstwerk bildet somit eine Zugangsmöglichkeit zur Erkenntnis von Ideen.

Das Leben ist nach Schopenhauer ein dauerndes Leiden und Unbefriedigt-Sein. Nur über die Kunst und über Kunstwerke ist der Mensch in der Lage, sich dem Leiden zumindest vorübergehend zu entziehen. Die Kunst ist es, die es uns gestattet, die dargestellte Idee, die unser normales Leben übersteigt, wahrzunehmen. Gerade über Literatur und Poesie erschließen sich dem Menschen Möglichkeiten der Teilhabe an Ideen. Dennoch gibt es allerdings einen Bereich, den der Mensch, eben wegen seines ungenügenden Erkenntnisvermögens, niemals wird begreifen können.

Für Schopenhauer liegt in der Bedeutung von Kunstwerken unsere Menschenwürde verborgen. Die Beschäftigung mit der Kunst ermöglicht es uns, unsere Lethargie im täglichen Leben intensiv zu überwinden. Kunst besitzt die Fähigkeit, uns zu verzaubern und uns aus gewohnten Denkbahnen hinausführen.

5

Kunstrichtungen – ein Überblick am Beispiel der jüngeren Vergangenheit

Impressionismus

Es handelt sich um eine Stilrichtung, die in der zweiten Hälfte des 19. Jahrhundert entstand. Flüchtige Momentaufnahmen werden bei dieser Maltechnik auf beeindruckende Weise dargestellt. Es ging nicht mehr um die Wiedergabe realer Erscheinungen, sondern dem evozierten Eindruck gilt das ganze Interesse der Darstellung. Atmosphärische Momentaufnahmen werden eingefangen und auf der Leinwand festgehalten mit der Absicht, bestimmte Stimmungen hervorzurufen. Auch die Unschärfe wurde als Stilmittel eingesetzt, um starke Gefühle auszulösen.

Als einer der Hauptvertreter des Impressionismus gilt Claude Monet. Für ihn war der Sinneseindruck vor allem andern zentral. Die reine Abbildfunktion wurde aufgegeben zugunsten der Darstellung von Stimmungen. Der Impressionismus ist auch als eine Reaktion auf den Naturalismus zu verstehen, die Künstler trachten danach, sich von der

A. Kitzmann, *Kunst, Psyche und Wirtschaft*, https://doi.org/10.1007/978-3-658-45530-9_5

naturalistischen Wiedergabe zu lösen. Zu den wichtigsten Vertretern dieser Richtung gehören Claude Monet (1840–1926), Edouard Manet (1832–1883), Paul Cezanne (1839–1906) und Henri Matisse (1869–1954).

Edvard Munch – Wegbereiter des Expressionismus

Edvard Munch (1863–1944) ist einer der größten norwegischen Künstler, sein bekanntestes Bild ist *Der Schrei*. Mit und in diesem Bild beschreibt er einen Schrei, der die Natur durchdringt und jedem Menschen bewusst werden kann. Das Verständnis von Munchs Bild ist ein Beispiel für eine sich ständig ändernde Interpretation, die letztlich unendlich sein kann.

Munch versucht in seinen Bildern zum Ausdruck zu bringen, welchen grundsätzlichen Fragen sich der moderne Mensch stellen muss. Er eröffnet in seinem Werk vielfältige Perspektiven, die in sehr unterschiedlichen Zusammenhängen gesehen werden können und interpretierbar sind. Als Beispiel sei noch einmal auf sein Bild *Der Schrei* verwiesen. Hier werden menschliche Ängste ins Bild und zum Ausdruck gebracht, die bei unterschiedlichen Menschen höchst unterschiedlich empfunden werden können.

Andy Warhol zum Beispiel hat sich mit Munchs Bild *Der Schrei* intensiv auseinandergesetzt und es gleich mehrfach dargestellt. Dabei reinterpretierte er Munchs Bilder auf seine Art.

Die Faszination der Bilder van Goghs

Die Bilder von Vincent van Gogh (1853–1890) werden dem Postimpressionismus zugeordnet. Er vereint Realismus, Naturalismus und Impressionismus und wird dabei zugleich auch als Wegbereiter des Expressionismus gesehen. Heute zählt er zu den berühmtesten Malern der Moderne und gilt als einer der Begründer der modernen Malerei. Er hinterließ neunhundert Gemälde und über tausend Zeichnungen. Seine Bilder stimulieren die Sinne und weiten den Geist. Eine kleine Zusammenstellung von Zitaten van Goghs setzen dies eindrücklich ins Wort:

„Ich träume vom Malen und dann male ich meine Träume.“

„Man muss arbeiten und sich etwas trauen, wenn man wirklich leben will.“

„Ich möchte Menschen mit meiner Kunst berühren. Ich möchte ihnen sagen, ich habe tiefe Empfindungen und intensive Gefühle.“

„Ich weiß nichts mit Sicherheit, aber wenn ich die Sterne sehe, fange ich an zu träumen.“[1]

Die Farbe Gelb war für van Gogh besonders bedeutsam, da sie für ihn gute Empfindungen repräsentiert. Symbolische Elemente finden sich sehr häufig in seinen Bildern wieder, weil sie ihm selbst sehr guttaten und für ihn bedeutsam waren. Besonders faszinierten van Gogh der nächtliche Himmel und die Sterne. In mehreren Werken stellte er die mystische Atmosphäre dieser Konstellationen und Situationen dar. Er sagte einmal auch, dass für ihn der nächtliche Himmel farbenfroher sei als der Tag.

Die Farben repräsentieren für ihn auch eine Welt der Hoffnung. Mit dem Himmel und den Sternen fühlte er sich, seine Bilder und das Leben verzaubert. Eigenen Angaben zufolge verknüpfte er sein Herz und seine Seele mit seiner Arbeit, er wollte Menschen mit seiner Kunst in Be-

---

[1] http://www.kunstzitate.de/bildendekunst/kuenstlerueberkunst/gogh_vincent_van.htm.

rührung bringen, tiefe Gefühle in ihnen auslösen und sich eng mit ihnen verbunden wissen. Während seines Aufenthalts in Paris fühlte sich van Gogh durch die Energie dieser Stadt inspiriert und auch von den impressionistischen Künstlern. Er begab sich nach diesem Aufenthalt in den Süden Frankreichs, nach Arles. Hier erlebte er seine glücklichste und produktivste Zeit (1888–1889).

Seine Gefühle waren damals so stark, dass er arbeitete, ohne sie bewusst wiederzugeben. Er verließ sich auf sein Unterbewusstsein. Er wusste nur zu gut, dass seine Bilder sehr verschieden waren von dem, was die Maler um ihn herum produzierten. Es war also wenig verwunderlich, dass seine Bilder zunächst auf eine brüske Ablehnung stießen, während heute die Bewunderung für ihn immens ist. In den vergangenen hundert Jahren gab es kaum einen zweiten Künstler, der solch eine Wandlung durchlebt hat und dem auch posthum solch eine Bewunderung zuteilwurde.

In Paris wendete er sich dem Pointillismus zu, erweiterte diesen aber im späteren Verlauf durch kurze Pinselzüge. Seine Bilder wurden auch zunehmend expressiv und drückten intensiv seine Gefühlszustände aus.

Die Formen van Goghs wurden zunehmend Ausdrucksmittel für starke Gefühlslagen. Sein Leben bestand für ihn überwiegend aus der Malerei, er war seiner eigenen Kunst geradezu ausgeliefert. Sein Expressionismus dominierte sein ganzes künstlerisches Schaffen, seine Gefühle kehren sich in seinen Bildern geradezu nach außen. In seiner Kunst spiegelt sich sein kompromissloses Gefühlsleben wider, er selbst beschrieb einmal, dass er die Natur in beängstigender Klarheit sehe, ihm seine Bilder aber gleichzeitig erschienen wie in einem Traum. In seinen Briefen äußerte van Gogh mehrmals, dass die Veränderung seiner Bilder mit den Veränderungen in seinem Inneren korrespondierten und diese wiedergäben. Exemplarisch sei nur ein Zitat aus seinen Briefen angeführt:

„Anstatt zu versuchen, exakt das wiederzugeben, was ich vor
meinen Augen habe, setze ich Farbe willkürlich ein, damit
ich mich kraftvoller ausdrücken kann".[2]

Expressionismus

Der Expressionismus ist eine Kunstströmung, die im frühen
20. Jahrhundert aufkam und die sich stark vom Impressionismus absetzte. Nicht die wirklichkeitsgetreue Wiedergabe
stand nunmehr im Zentrum des Interesses, sondern es ging
um die subjektiven Regungen des Künstlers, die es auszudrücken galt.

Der Expressionismus setzt sich ausdrücklich vom
Naturalismus ab. Formen und Figuren werden nicht natur-
getreu wiedergegeben, sondern dienen dazu, die Gefühle
und das Denken des Künstlers auszudrücken. Nicht mehr
die Genussästhetik des Impressionismus war leitend für die
künstlerische Tätigkeit, sondern allein das, was der Künstler empfand und ausdrücken wollte. Frühe Werke Picassos
sind bereits Zeugnisse für den aufkommenden Expressionismus. Die theoretische philosophische Unterfütterung
lieferte für einige Expressionisten Friedrich Nietzsche.

Der Expressionismus ist eine Stilrichtung, die sich als
Stilmittel für den Ausdruck der künstlerischen Empfindungen der Deformation von Figuren und Formen bedient. In
der plakativen Darstellung möchte der Künstler sein Erleben ausdrücken. Als bekannte Vertreter in dieser Tradition
zu nennen wären August Macke (1887–1914), Franz Marc
(1880–1916), Wassily Kandinsky (1866–1944). Der Umgang mit Farben und Formen manifestierte sich in einer

---

[2] http://www.kunstzitate.de/bildendekunst/kuenstlerueberkunst/gogh_vincent_
van.htm.

neuen Darstellungsweise, wobei es vor allem um die Reduktion auf markante Formelemente ging.

Für den Expressionismus waren die Eindrücke der Seele von großer Bedeutung – und eben nicht mehr die Wahrnehmung des Auges. Dieser Perspektivwechsel vollzog sich zu Beginn des 20. Jahrhunderts. Es ging zuallererst um die innere Erfahrung, und dies in einer gesteigerten Farbigkeit und ausdrucksstarken Formgebung. Die äußere Umgebung wird zum Spiegel der eigenen Gefühle und Gedanken, wobei beide Perspektiven auch durchaus gleichzeitig miteinander verschmolzen und dargestellt wurden, um die Ausdruckskraft der Bilder und der Empfindungen noch zu potenzieren.

Symbolismus und Jugendstil

Die Kunstgeschichte verortet den Symbolismus zeitlich zwischen ca. 1880 und 1920. In ihm kamen irrationale Vorstellungen sowie Träume und Visionen zur Darstellung. Der Symbolismus kann durchaus als Vorstufe zum Surrealismus angesehen werden. Parallel dazu wurden übrigens auch in der Literatur neue Ausdrucksformen gesucht, mit mystischen und symbolhaften Inhalten.

Der Jugendstil entstand zeitgleich mit dem Symbolismus, also ebenfalls um 1890, sein Ende wird auf etwa 1920 datiert. Charakteristika des Jugendstils waren geschwungene Formen und dekorative Elemente, ornamentale und schmuckvolle Strukturen standen im Vordergrund. Antoni Gaudí war einer der berühmtesten Jugendstil-Architekten. Die Basilika Sagrada Família in Barcelona ist sein herausragendes Bauwerk. Zudem war er auch der bedeutendste Vertreter der katalanischen Jugendstilbewegung Modernisme.

Abgelöst wurde die Jugendstilbewegung durch Walter Gropius, dem Begründer des Bauhausstils. Hierbei handelte sich um eine funktionale Architektur.

Dadaismus

Seinen Ausgang nahm der Dadaismus um 1916 in Zürich. Dada war eine Revolte gegen die Kunst von Seiten der Künstler selbst. Gesellschaft und Wertesysteme der damaligen Zeit wurden rigoros abgelehnt, satirische Ausdrucksformen hinterfragten die konventionelle Kunst, gefestigte Ideale und Normen wurden auf den Prüfstand gestellt. Willkürliche und zufallsgesteuerte Aktionen bestimmten die Kunst des Dadaismus, um auf diese Weise bestehende Konventionen nicht fortzuführen, sondern mit ihnen zu brechen. Ausnahmslos alle überkommenen Ideale und Normen wurden satirisch hinterfragt.

Abstraktionen und ästhetischen Darstellungen erteilte man eine klare Absage. Zugleich sollten gezielte Provokationen dazu dienen, das Absurde des Ersten Weltkrieges bloßzustellen, wie auch obrigkeitsstaatliches Denken grundsätzlich verpönt war, da es unweigerlich immer auch zu kriegerischen Auseinandersetzungen führte. Letztlich könnte man den Dadaismus als Anti-Kunst bezeichnen, da er grundsätzlich alles infrage stellte.

Auch die unterschiedlichen Kunstrichtungen wie Literatur, Musik und Tanz wurden auf widersprüchliche Weise miteinander verbunden. Die Kunst sollte nicht nur Abbild der Wirklichkeit sein, sondern vor allem alles auf den Prüfstand stellen, alles in Zweifel ziehen. Die sinnlich wahrgenommene Welt genügte dem Dadaismus als Kunst nicht. Entstanden während der Zeit des Ersten Weltkrieges, wollte Dada vor allem zum Ausdruck bringen, wie bürgerliche Werte und Normen zerstört werden. Die sarkastische Kritik am Kunstbetrieb wollte die Widersprüche aufzeigen, die geschichtliche Entwicklungen hervorbringen.

Der Surrealismus

Die zentrale Phase des Surrealismus kann zwischen 1920 und 1930 datiert werden. Dem Unbewussten, Unwirklichen und Traumhaften sollte Raum gegeben und zur Darstellung gebracht werden. Ein Anknüpfungspunkt für diese Kunstrichtung waren sicherlich auch die Traumdeutung Sigmund Freuds und seine Psychoanalyse.

Salvador Dalí ist einer der bedeutendsten Künstler des Surrealismus. Traumlandschaften mit ihren konturenverlierenden Uhren wurden zu einem seiner zentralen Themen. Zerfließende Taschenuhren symbolisierten die zerrinnende Zeit. Auch der deutsche Maler, Bildhauer und Dichter Max Ernst (1891–1976) gehört zu den bekanntesten und bedeutendsten Surrealisten. Ein weiterer Hauptvertreter dieser Kunstströmung ist der aus Barcelona stammende Künstler Joan Miró (1893–1983). Seine Arbeiten werden der klassischen Moderne zugeordnet und er ist unter die populärsten Künstler des 20. Jahrhunderts überhaupt einzuordnen.

Die Surrealisten haben Vision und Wirklichkeit miteinander verknüpft. So wurden reale Objekte aus verschiedenen Bereichen auf originelle und unerwartete Weise zusammengeführt, sodass sich beim Betrachten neue Denk- und Sehgewohnheiten einstellten und Überkommenes, Vertrautes plötzlich veränderte und infrage stellte. Kunst, so das ausdrückliche Postulat, sollte nicht mehr nur Abbild der Wirklichkeit sein, sondern darüber hinausgehen.

Salvador Dalí schloss sich neben Miró der Gruppe der Surrealisten in Paris an. 1956 verlegte Letzterer seinen Hauptwohnsitz nach Mallorca. Dort arbeitete er in seinem Atelier und übergab einen Teil seiner Kunstwerke als Stiftung an die Stadt Palma.

Auch Alberto Giacometti (1901–1966) fand im Pariser Surrealisten-Kreis Gleichgesinnte für sein künstlerisches Wirken. Er schuf unverwechselbare Figuren mit filigranen, übertrieben in die Länge gezogenen dünnen Beinen. Seine Skulpturen zählen heute zu den teuersten Kunstwerken der Welt und erzielen Preise von bis zu 120 Mio. €, etwa seine Bronzefigur *Zeigender Mann*. Der Surrealismus suchte in unterschiedlichsten Ausprägungen eine traumartige Überwirklichkeit, die unbewusste Anteile aufwies.

Eine weitere Idee zum Surrealismus trug der Schriftsteller André Breton (1896–1966) als Vertreter des „automatischen Schreibens" (Ecriture automatique) bei, bei dem spontane Gedanken ohne jede Reflexion zu Papier gebracht wurden. Auf diese Weise ließen sich, so die Idee, unbewusste Vorstellungen einfacher, unmittelbarer und ungefiltert ausdrücken.

Pop-Art

Mitte der Fünfzigerjahre des vergangenen Jahrhunderts entstand eine neue realistische Kunst, wobei sie sich thematisch Fragen des alltäglichen Konsums zuwandte. Sie stelle den Alltag in seiner ganzen Banalität dar. Die Werbung in den Massenmedien wird zum Gegenstand des Interesses, die Grenzen zwischen Kunst und Alltag wurden aufgehoben. Der Expressionismus verlor an Bedeutung, das ungegenständliche Bild, expressiv oder konstruktiv, tritt in den Hintergrund. Es ging nicht mehr um die Innenwelt des Künstlers mit all ihren Facetten, sondern die äußere Welt des Alltags war zentral.

Kunst sollte populär und verständlich sein, daher auch der Begriff Pop-Art, abgeleitet von dem Begriff „Popular Art", populäre Kunst. Das ‚traditionelle' Künstlertum verlor an Bedeutung, stattdessen ging es um die leichte Reproduzierbarkeit sowie um den Warencharakter. Reklame und Zeitungsillustrationen gingen in ungewohnten Darstellungen neue Beziehungen miteinander ein. Alltägliche

Gegenstände ebenso wie bekannte Filmstars gerieten in den Fokus des Interesses. Es ging nicht zuletzt um den Versuch, das von den Massenmedien manipulierte Bild der Wirklichkeit neu zu hinterfragen.

Die Pop-Art repräsentiert ein bedeutendes Kapitel der Kunstgeschichte des 20. Jahrhunderts. Sie hatte ihren Höhepunkt in den Sechzigerjahren und revoltierte insbesondere gegen die etablierte Kunstrichtung des abstrakten Expressionismus. Direkt und in plakativen Farben sucht sie, die Lebensrealität widerzuspiegeln. Plakative und farbige, bunte Darstellungen sind ein Charakteristikum der Pop-Art.

Warhol – Hauptvertreter der Pop-Art

Andy Warhol (1928–1978) gilt als Repräsentant der Pop-Art schlechthin. Er hat die Welt der Kunst und die Welt des Konsums radikal hinterfragt und deren Schwächen aufgedeckt. Die Konsumgesellschaft hat er mit und in seiner Kunst durchschaut und intensiv reflektiert. Als sehr reizvoll empfand er zudem den amerikanischen Underground, den er in seine Kunst beständig mit einbezog. Ebenso zentral war für ihn die Thematik der Selbstverwirklichung des Individuums, dies nahm in seinem Werk einen entsprechend hohen Stellenwert ein. Unablässig ging es ihm darum, die Scheinheiligkeit unserer Gesellschaft zu entlarven und sichtbar zu machen.

Warhol trachtete danach, mit seiner Kunst eine Befreiung von den Zwängen der etablierten Gesellschaft durchzusetzen, die jene über alle verhängt hat. Für ihn war Kunst eine Befreiungsbewegung. Er wollte sich von den überkommenen und herrschenden Ästhetikbegriffen lösen und die Welt so darstellen, wie sie ist. Sein erklärtes Ziel war es, einen coolen, lässigen Lebensstil zu repräsentieren, den er in der Kunst bisher vernachlässigt sah. Seine Kunst lässt die Kritik an der Konsumgesellschaft intensiv und intuitiv erkennen.

Typisch für Warhol war sein distanzierter Realismus. Er wiederholte Bilder und Motive immer und immer wieder, versuchte sich dabei aber zugleich an der Darstellung interessanter Variationen. Warhol arbeitete bei seinen Bildern auch mit dem Siebdruck. Ebenso waren ihm Reproduktionen von Bildern aus den Massenmedien wichtig.

Ursprünglich zielte der Begriff „Pop" auf die Populärkultur generell ab, erst später wurde damit ein Kunststil bezeichnet, der sich auf Bilder aus Comics, Werbung und Medien bezog. Die Reproduktion bei der Darstellung von Kunstwerken nimmt bei Warhol eine zentrale Rolle ein, da sie neue Sichtweisen ermöglicht. Wirklich erstaunlich ist übrigens, dass ein Siebdruck Warhols aus dem Jahre 1964 das tatsächlich teuerste Kunstwerk des 20. Jahrhunderts ist: ein reproduziertes Bild von Marilyn Monroe. Es wurde für 195 Mio. US-Dollar versteigert. Neben Marilyn Monroe avancierten die Campbell Suppendose und seine „Flowers" zu seinen Bild-Ikonen.

Warhol wird von einigen als kritischer Beobachter der amerikanischen Gesellschaft gesehen, die mit ihrem übertriebenen Konsumverhalten zu hinterfragen ist. Andere wiederum erblicken in seiner Kunst auch die Glorifizierung des American Way of Life.

Warhol verwendete, wie schon erwähnt, in seiner Kunst auch Drucktechniken wie den Siebdruck, die zuvor ausschließlich im kommerziellen Bereich eingesetzt worden waren. Seine Arbeiten als Maler und als Druckgrafiker verschwimmen zusehends, sie verschließen sich eindeutigen Kategorisierungen. Warhol veränderte auch den Kunstbegriff insgesamt, indem er sagte: Ich liebe Bilder, die es wert sind, dass man sie wiederholt. Dazu passt auch, dass er an dem Originalitätszwang in der Kunst Anstoß nahm und ihn infrage stellte, indem er Bilder bekannter Kunstwerke kopierte und verkleinerte oder vergrößerte. Warhol bediente sich gern leuchtender Primärfarben und setzte starke Kontraste ein.

Wesentlich für ihn war auch die Auseinandersetzung mit dem Menschen in der modernen Gesellschaft. Es gelang ihm zudem, Kunst als Ware zu produzieren und zu verkaufen. In jedes berühmte Bild lässt sich auch eine Warhol'sche Anmutung hineinprojizieren. Dadurch ist es möglich, den Bildausdruck zu relativieren und auf diese Weise neue (Erkenntnis-)Aspekte hinzuzugewinnen.

Warhol suchte die Welt durch Kunst zu verändern, indem er sie aus ihrem Elfenbeinturm herausführte. Die Unvergleichbarkeit einzelner Bilder sollte infrage gestellt, hinterfragt werden, zugleich sollte die Kunst ein Spiel- und Experimentierfeld für außergewöhnliche Persönlichkeiten werden. Ein Anliegen Warhols war es, mit seiner Kunst latente soziale Strömungen offenzulegen. Er versuchte, verborgene Mechanismen der modernen Industriekonsum- und Freizeitgesellschaft sichtbar zu machen.

Indem er den Anspruch auf Autonomie hinterfragte, veränderte er auch den Kunstbegriff. Er verstand es, den Zeitgeist zu erspüren und in seiner Kunst zum Ausdruck zu bringen. Die Welt des Konsums und der Werbung sollte durch seine Kunst auf dem Prüfstand stehen. In seinen Bildern entwertet Warhol das Einmalige durch ständige Wiederholung. Er bringt die negativen Auswirkungen der Über-Information ins Bild und drückt sie bereits in den 60er- und 70er-Jahren des vergangenen Jahrhunderts überdeutlich aus.

Moderne – Postmoderne – Abstrakte Kunst

Die Postmoderne trachtete danach, vieldeutige Werke zu schaffen und Gebilde von reicher Faszination hervorzubringen. Denn, so das Credo: Das künstlerische Schaffen enthalte immer auch philosophisch Relevantes. Schließt man sich dem Diktum Adornos an, so hat der Niedergang der Metaphysik die moderne Kunst überhaupt erst ermöglicht. Wie die traditionelle Kunst versuchte, die Wirklichkeit überhöht wiederzugeben, so postulierte die moderne Kunst für sich, dass sie sich von der Realität lösen müsse. Auch hier sind wieder Einflüsse von Nietzsche spürbar, hatte er doch in seinen Überlegungen zur Kunst herausgearbeitet und betont, dass die vom Menschen empfundene Wirklichkeit lediglich einen Fiktionscharakter besitze. Dies müsse der Ausgangspunkt von Kunst sein, um sich der Wirklichkeit überhaupt annähern zu können. Die Malerei solle dabei dazu dienen, die Realität permanent infrage zu stellen.

Die Kunst der Moderne will die Wirklichkeit nicht mehr widerspiegeln, sondern sich auf den Geist und das Denken beziehen. Moderne Kunst sucht die Aufmerksamkeit auf das Unsichtbare zu lenken, denn es gibt Momente, in denen sich Vorstellungen nicht sichtbar machen lassen, sondern lediglich denkbar sind. Darum geht es der modernen Kunst, nämlich um das übersinnliche Erfassen der Realität mit dem Ziel, auf diese Weise unsere Begrenztheit zu verdeutlichen. In der Postmoderne wird gerade die vorhergehende Sehnsucht nach Einheit durch postmoderne Vielfalt ersetzt.

Die moderne Kunst zeichnet sich aus durch ihre Experimentierfreudigkeit, immer mit dem Bemühen, das Denken zu öffnen und zu weiten für Paradoxien und Unvergessliches. Das sinnlich Erfahrbare wird hinterfragt, Nicht-Darstellbares soll künstlerisch materialisiert werden. Damit will moderne Kunst auch die Grenzen menschlicher Wahrnehmung überschreiten, transzendieren und in neue Realitäten vordringen. Die menschenzentrierte Sichtweise steht auf dem Prüfstand, soll hinterfragt und überwunden werden, um sie um völlig neue, originale Aspekte zu erweitern.

Die abstrakte Kunst verzichtet auf Gegenständlichkeit. Formen, Linien und Farben werden in origineller Form neu zusammengesetzt, ohne dass auf die Gegenständlichkeit zurückgegriffen wird. Farbe und Formpalette erfahren eine Reduktion, um neue Wahrnehmungsbereiche zu eröffnen, die sichtbare Wirklichkeit wird in der abstrakten Malerei ausgeklammert, um neue Formen der Realität zugänglich zu machen. Teilweise wird auch vereinfachend visualisiert, um zentrale Komponenten in den Vordergrund zu stellen und besonders hervorzuheben.

6

Kunst und ihre Wirkmächtigkeit

Die Wirkung von Farben

Farben wirken bewusst und unbewusst auf die menschliche Psyche. Rot wirkt in der Regel anregend, Blau beruhigend, Grün wirkt erfrischend, Schwarz wirkt nachdrücklich, aber auch negativ. Violett steht für Luxus, Pink für Weiblichkeit, wie Klausbernd Vollmar in seiner Psychologie der Farben darlegt.

Bereits Goethe (1749–1832) beschreibt in seiner Farbenlehre, dass Farben Stimmungen und Emotionen ausdrücken:

„Die Erfahrung lehrt uns, dass die einzelnen Farben besondere Gemütsstimmungen geben."[1]

---

[1] https://www.aphorismen.de/zitat/566.

Die Farbe der Sonne steht für Lebensfreude und Fröhlichkeit, helles Gelb wirkt positiv und aufhellend auf uns. Blau vermittelt häufig ein Gefühl von Ausgeglichenheit und Zufriedenheit.

Die Bedeutung der Farben zeigt sich nicht zuletzt auch darin, dass 90 % der Informationen, die das Gehirn aufnimmt, visueller Natur sind. Zudem werden visuelle Informationen 60.000-mal schneller verarbeitet als Textinformationen.[2] Jede Farbe aktiviert dabei spezielle Neuronen im Gehirn. Durch Farben treffen bestimmte Lichtwellen auf das Auge, die sodann lichtempfindliche Zellen reizen. Natürlich lösen die verschiedenen Farben bei unterschiedlichen Menschen auch unterschiedliche Reaktionen aus, da der individuelle Erfahrungshintergrund immer mit einbezogen wird.

So ist es nicht verwunderlich, dass Farben auch im Marketing bewusst eingesetzt werden, da sie stark aktivieren, also wirken können. So hängt die spontane Beurteilung eines Produktes zum großen Teil von der Farbgebung der Verpackung ab. Die Farbe Blau beispielsweise wird von den meisten Menschen als Lieblingsfarbe eingeschätzt. Dies ist vermutlich darin begründet, dass Himmel und Meer blau sind, was eine beruhigende Wirkung auf uns ausübt, die wir bewusst genießen können. Die Farben Gelb und Rot hingegen wirken häufig sehr stimulierend und spannungserzeugend. Grün ist eine beruhigende Farbe, die Natürlichkeit ausstrahlt, da sie in der Natur stark vertreten ist. Unsere Gefühle werden in erster Linie unbewusst durch Farben bestimmt. Entscheidungen sind ebenfalls in großem Maße Gefühlen unterworfen, sodass Farben also generell einen starken Einfluss auf uns ausüben.

Selbstverständlich spielt in der Kunst die emotionale Wirkung der Farben ebenfalls eine große Rolle. Farben – ob nun bewusst oder unbewusst – beeinflussen uns in starkem

---

[2] https://speakture.ch/blog/deshalb-liebt-unser-gehirn-bilder/.

Maße. Natürlich geht auch von Formen eine nachdrückliche suggestive Wirkung aus, sodass also erst das Zusammenwirken von Farben *und* Formen die Absicht des Künstlers adäquat wiedergeben kann.

Die Wandlungsfähigkeit von Kunst am Beispiel Richard Wagners

Ein klassisches Beispiel für bahnbrechende Veränderungen in der Kunst ist Richard Wagner, er hat die Musik geradezu revolutioniert, indem er die festen Strukturprinzipien der Komposition aufgelöst und das zuvor Überkommene infrage gestellt hat. Durch ihn wurden die Regeln der Musikkomposition neu definiert und erschloss damit völlig neue Welten.

Ebenso erfuhr die Oper durch Wagners Veränderungen eine erhebliche Aufwertung. Und damit nicht genug. Wagner hat zugleich in seiner künstlerischen Auseinandersetzung auch die griechische Mythologie für die Kunst fruchtbar gemacht. *Der Ring der Nibelungen* beispielsweise ist sein Versuch, die antike Tragödie neu zu beleben. Dabei eröffnete sich für Wagner mit der Oper ein breites Feld, um dieses Konzept in der Ton- wie in der Sprachkunst zugleich und parallel zum Ausdruck zu bringen.

Kunst als Weg zur Selbst- und Welterkenntnis

Kunst, Philosophie und gesellschaftlicher Wandel stehen in enger Wechselwirkung zueinander. Den beiden erstgenannten geht es darum, die menschliche Existenz zu ergründen und darzustellen. In der Kunst spiegeln sich häufig philosophische Fragestellungen, die einen vertieften Blick auf wechselnde Zeitepochen werfen, näher erläutern oder die Interpretationen des Künstlers für uns erschließen. So finden beispielsweise Epochen besonders intensiver religiöser Auseinandersetzung ihre Entsprechung in Kunst und Philosophie. Gleiches lässt sich ebenso für die Kunstepochen der Antike feststellen, die spiegelbildlich die philosophischen Diskurse jener Zeit in sich vereinen. Im Grunde kann dies aber nicht weiter verwundern, denn so, wie sich in der Kunst auch menschliche Kreativität ausdrückt, so finden neue Sichtweisen auf die Welt auch in der Philosophie ihren Niederschlag.

Hinterfragt und erörtert die Philosophie die menschliche Existenz immer wieder aufs Neue, findet dies in der Kunst seine Entsprechung in dem Ringen um stets neue Sicht- und Darstellungsweisen. Dabei beeinflussen sich Kunst und Philosophie immer gegenseitig – der Philosoph nimmt die Anregungen der künstlerischen Darstellungen auf, der Künstler reagiert seismografisch auf neue philosophische Ideen und adaptiert sie auf seine Art, indem er neue Ausdrucksweisen und -formen kreiert und schafft.

Die unendlichen Möglichkeiten in der digitalen Kunst sind nicht zuletzt auch Spiegel des digitalen Zeitalters, das völlig neue Stilmittel und Werkzeuge kreiert, um unser Leben zu gestalten und zu beeinflussen. Mittels Künstlicher Intelligenz können mittlerweile unglaublich originale Bilder gestaltet werden, zugleich ermöglicht sie uns, viele Lebens- und Arbeitsbereiche umzugestalten und auch völlig neue Sichtweisen auf unsere Realität zu gewinnen. Die genialen Ergebnisse, die durch Künstliche Intelligenz mittlerweile hervorgebracht werden, sind für uns nicht immer nachvollziehbar, das ist die Kehrseite. Wir werden und sind also auch Einflüssen ausgesetzt, die wir schwer, wenn überhaupt durchschauen können, was die Souveränität des Einzelnen nicht unerheblich einschränken kann oder gar bereits einschränkt.

Gerade die Kunst könnte uns auch für und in diesem Bereich einen Spiegel vorhalten, um möglicherweise die Herausforderungen besser durchschauen und einschätzen zu können. Realisierbar wäre dies, um nur ein Beispiel zu nennen, durch digitale Darstellungen von Imitaten, die anschließend dann als Imitat desavouiert werden. Ebenso ließe sich die Komplexität der digitalen Welt in der Kunst abbilden, indem sie undurchschaubare Objekte darstellt, um sie anschließend zu dechiffrieren. Auch die Überforderung der menschlichen Intelligenz böte sich als Darstellungsgegenstand der Kunst an – mit dem gleichzeitigen Aufzeigen von Lösungsmöglichkeiten, zumindest als antizipierte Idee.

Für Friedrich Nietzsche war, wie bereits weiter oben erwähnt, die Kunst ein Mittel, die scheinbare Realität zu interpretieren und neue Sichtweisen zu entdecken. Kunst steht für Nietzsche im Dienst der Wahrheit, die es hinter der scheinbaren Realität zu entdecken gilt. So führt Kunst zu einem tieferen Weltverständnis und einer umfassenderen Einsicht in die Natur.

Die tiefsten Gefühle lassen sich mithilfe der Kunst ausdrücken, sie kann menschliche Leidenschaften und den Willen zur Macht zum Ausdruck bringen. Doch auch auf personaler Ebene kann uns die Kunst zu einem tieferen Verständnis unserer eigenen Persönlichkeit und unserer Umwelt führen. Unsere begrenzten Sichtweisen werden geweitet, insbesondere der eigene Wille zur Dominanz und narzisstische Störungen lassen sich in der Kunst zum Ausdruck bringen. Mit und durch sie bereichern wir unser Leben und eröffnen uns zugleich Möglichkeiten, aus unseren ‚normalen‘, gewohnten, üblichen, begrenzten Sichtweisen herauszutreten und – im besten Falle – diese sogar zu überwinden.

Auch Schopenhauer hat einen sehr tiefgründigen Sinn in der Kunst erkannt. Die Begrenzungen durch unseren menschlichen Willen werden mit ihrer Hilfe darstellbar. Die Leiden menschlichen Lebens lassen sich durch sie nachdrücklich veranschaulichen und es können auch Lösungen aufgezeigt werden, die über unsere begrenzte Wahrnehmung hinausgehen. Jenseits der Alltagssorgen und -befindlichkeiten gewinnen wir so durch die Kunst neue Sichtweisen auf die Welt und uns selbst. Für Schopenhauer bestand das Wesen der Kunst darin, die Welt auf eine umfassendere Weise zu verstehen und ungewohnte Prinzipien der Realität zu erkennen. Zugleich war sie ihm eine neue Form der Metaphysik, um bisher fremdartige oder nicht gekannte Perspektiven auf die Realität zu gewinnen.

Ein Effekt von ihr ist auch ihre Fähigkeit, gemeinschaftsstiftend zu wirken, etwa dann, wenn sie viele Menschen allein dadurch miteinander verbindet, dass sie plötzlich gemeinsame Standpunkte als solche entdecken. Auch menschliches Leiden lässt sich möglicherweise mit einem neuen oder geänderten Blick anders und nie gekannt durchleben, da Kunst uns Möglichkeiten der Faszination, Tiefsinnigkeit und Sinngebung eröffnet. Sigmund Freud (1856–1939) ging davon aus, dass wir mit der Kunst unsere unbewussten Wünsche, Probleme und tiefen Emotionen ausdrücken können. Für ihn dient die Kunst auch einer möglichen Sublimation, durch die instinktive Triebe auf eine höhere, geistige Ebene transformiert werden. In der Kunst, so Freud, drücken sich, neben anderem auch eigene Konflikte und Ängste aus, die wir selbst überhaupt nicht wahrnehmen. Ebenso ist sie in der Lage, menschliche Beziehungen herzustellen und Solidarität zu stiften.

René Descartes (1596–1650) betrachtete Kunst als ein Medium, um klare und wesentliche Gedanken zu vermitteln, die dem Weltverständnis dienen. Seine Vorstellung des „Ich denke, also bin ich" war ihm auch in der Kunst eine Ausdrucksweise zu einem tieferen Verstehen. Kunst sollte Descartes zufolge rationale Gedanken ausdrücken, die uns das eigene beschränkte Erkenntnisvermögen vor Augen führen.

Für Martin Heidegger eröffnet Kunst einen spirituellen Zugang zur Welt. Jenseits der berechenbaren Wahrnehmung ergeben sich neue Möglichkeiten der Erkenntnis.

Die Kunst kann, wie er in seiner Abhandlung *Holzwege* darlegt, „die wirkliche Wahrheit" abbilden, unser eingeschränktes Erkenntnis- und Wahrnehmungsvermögen lässt sich durch sie enorm erweitern und vertiefen. Für ihn ist Kunst, wie ebenfalls in diesem Traktat vermerkt, „ins Werk gesetzte Wahrheit", sie eröffnet neue Ebenen der Erkenntnis. Zwar trachtet der Mensch danach, alles zu verstehen und zu beherrschen, ist sich dabei aber seiner Begrenztheit durchaus nicht immer bewusst. Anzustreben ist, sich die Offenheit für neue Geheimnisse zu bewahren und nicht durch narzisstisches Streben zu überdecken. Nur Offenheit und Gelassenheit ebnen den Weg zu neuen Erkenntnissen – ein ‚Wegbegleiter' von unschätzbarem Wert kann uns dabei die Kunst sein.

7

Kunst und Psychologie

Evokation von Gefühlen – Monets Seerosenserie

Kunst ist in der Lage, unterschiedliche Gefühle zu evozieren, also auch viele positive Gefühle. Ein sehr gutes Beispiel hierfür ist die Seerosenserie von Claude Monet (1840–1926). Diese Bilder gehören zu den bekanntesten Kunstwerken der Welt. Mittlerweile haben Forschende herausgefunden, dass diese Bildserie äußerst positive Gefühle auslösen kann. Allein bereits das Betrachten dieser Bilder im Internet kann Wohlbefinden hervorrufen. Eine Studie an der Universität Wien konnte nachweisen, dass sich solche Gefühle bereits bei der Bildbetrachtung auf dem Bildschirm einstellen, wobei selbstverständlich das Anschauen der Originale eine wesentlich stärkere Wirkung hervorruft.

Die vielfältigen Assoziationen, die sich bei der Betrachtung von Kunstwerken einstellen, tendieren zum überwiegenden Teil in eine positive Richtung, da beim An-

© Der/die Autor(en), exklusiv lizenziert an Springer Fachmedien Wiesbaden GmbH, ein Teil von Springer Nature 2024
A. Kitzmann, *Kunst, Psyche und Wirtschaft*,
https://doi.org/10.1007/978-3-658-45530-9_7

schauen immer zugleich auch Ästhetik und Farbempfinden angesprochen werden. Andererseits können dramatische, aufwühlende, verstörende Bilder selbstverständlich auch negative Gefühle auslösen, besonders dann, wenn persönliche Erfahrungen, die in eine ähnliche Richtung gehen, vom Betrachter damit verknüpft werden.

Kunst und Symbolik

Kunst ist Kommunikation – und damit auch eine Form des Verstehens, des Verständnisses und Interpretierens. In ihr spiegeln sich symbolhaft Sichtweisen auf die Wahrnehmung von Wirklichkeit. Insofern ist Kunst immer auch eine Art von Welterkenntnis, wie sie sich ähnlich in Mythen und Religionen ausdrückt. In der Kunst soll sich – neben anderem – auch die gegebene Wirklichkeit abbilden. Indem sich dies häufig durch symbolische Chiffren und Darstellungen manifestiert, wird eine rein sprachliche Erkenntnisebene deutlich überschritten und weit über sie hinausgegangen, also erweitert.

Kunst – ein Schlüssel zur Psyche

Sowohl die Kunst wie die Psychologie befassen sich mit menschlichen Erfahrungen. Die Psychologie erforscht und beschreibt die menschliche Psyche und das menschliche Verhalten, in der Kunst drücken sich die Psyche und die Erfahrungen des Künstlers aus. Zudem transportiert die Kunst zugleich auch die Kreativität und das Weltbild des Künstlers.

Während die Psychologie versucht, das menschliche Verhalten zu erklären und die psychologischen Zustände des Menschen zu er- und begründen, drückt sich die Psychologie des Künstlers unmittelbar in seinen Kunstwerken aus.

So verwundert es nicht, dass sich die Wirkung von Kunstwerken mithilfe psychologischer Erklärungen tiefgehender nachvollziehen lässt. Mit dieser Herangehensweise lassen sich die Gedanken und Emotionen des Künstlers auf der Grundlage wissenschaftlicher Kenntnisse und Erkenntnisse vielfach in besonders adäquater Weise nachvollziehen. Ebenso drückt sich nicht selten auch das Unterbewusste des Künstlers in seinen Werken aus. Ein Kunstwerk vermittelt daher einen komplexen Zugriff auf die menschliche Sichtweise seines Schöpfers. Die Verbindung von Kunst und Psychologie eröffnet also einen besonderen Zugang zum Verständnis sowohl des Werkes wie auch der unbewussten Ausdrucksweise des Künstlers selbst.

Kunsttherapie – Kunst in der Wahrnehmung

Aus dem zuvor Gesagten erklärt sich sozusagen von selbst, weshalb sich auch die Kunsttherapie die besondere Verbindung zwischen Psychologie und Kunst zunutze macht und ein tieferes Verständnis für das Kunstwerk wie für seinen Schöpfer hervorbringt. Durch therapeutische Kunstwerke werden Menschen in die Lage versetzt, ihre Gefühle unmittelbarer auszudrücken und nicht zuletzt auf diese Weise auch ihr psychisches Wohlbefinden zu steigern.

Kunst kann eine Möglichkeit sein, sich gestalterisch zu betätigen und dabei einen Weg zu finden, Gefühle auszudrücken, Konflikte zu bearbeiten, Selbstvertrauen aufzubauen oder schwierige Lebensabschnitte zu bewältigen. Kunst als Therapieform kommt immer dann zum Einsatz, wenn Menschen an ihre Grenzen stoßen und traumatische Erlebnisse einfach nicht in Worte fassen können. Auch im Rahmen der Behandlung von psychiatrischen Erkrankungen kann Kunst eine Rolle spielen.

Ein Kunstwerk kann vielfältige Gefühle beim Betrachter auslösen. Die Facetten gehen von Ekel und Freude über Gefallen und Interesse bis hin zu Faszination. Dabei spielen mehrere Faktoren eine Rolle. Zum einen sind dies natürlich Inhalt und Motiv des Kunstwerks, aber auch die Stimmung des Betrachters, dessen Erfahrungen und der Umstand, wie vertraut dieser mit Kunst ist. Ebenso spielen Bekanntheitsgrad und Marktwert eines Künstlers eine Rolle.

Wie wirkt Kunst? Auf diese einfache Frage gibt es eine erstaunlich einfache Antwort: Kunst wirkt wie Medizin. Wird sie auf nüchternen Magen eingenommen, wirkt sie deutlich intensiver. Auf Kunst übertragen bedeutet dies: Kunst wirkt dann am nachhaltigsten, wenn die Betrachtung ohne Störungen, Erwartungen und Belastungen erfolgt. Dies klingt einfach, die Umsetzung stellt sich jedoch als schwierig heraus. Denn jeder hat eine bestimmte Vorstellung davon, was Kunst sein soll und wie sie zu wirken hat. Vielleicht würde es helfen, Kunst nicht als solche zu deklarieren! Ohne das Etikett könnte die Kunst Teil der Realität sein – und beim vorurteilsfreien Betrachten ganz unterschiedliche Bereiche des Bewusstseins anregen.

Wir sollten vorurteilsfrei in den Spiegel schauen! Was damit gemeint ist? Kunst, insbesondere die Malerei, übt eine spürbare Wirkung auf den Betrachter aus. Doch diese Wirkung geht eigentlich gar nicht vom Kunstwerk selbst aus, sondern vielmehr von demjenigen, der es betrachtet. Die Betrachtung eines Bildes ist wie ein Blick in den Spiegel. Der Spiegel zeigt eine objektive Botschaft und erst durch die Gedanken, Gefühle und Erwartungen des Betrachters kommt eine Wertung hinzu. Genauso verhält es sich mit einem Kunstwerk. Ein düsteres Bild kann den Betrachter traurig machen. Statt darüber zu lamentieren, wie traurig ihn das düstere Bild stimmt, ließe sich stattdessen aber auch die Frage stellen, warum der Betrachter so und eben nicht anders empfindet oder aus welchem Grund der Maler das Bild so gestaltet hat.

Kunstrichtungen und ihre psychologischen Hintergründe

Die Kunst in der Antike ist stark geprägt von religiösen und mythologischen Themen, in der mittelalterlichen Kunst übernehmen die christlichen Religionen mitsamt ihrer Verwendung von Symbolik und Allegorie diese Funktion. In der sich anschließenden Phase der Renaissance erfolgt eine erneute Rückbesinnung auf die antike Kunst und auch die Darstellung des Menschen wird zentral. Das Barock hingegen stellt die dramatische Inszenierung in den Vordergrund, außerdem wird der Betonung von Licht und Schatten besondere Aufmerksamkeit geschenkt. Im Klassizismus findet erneut eine Auseinandersetzung mit und Hinwendung zur Antike statt, die bevorzugte Formensprache in dieser Epoche ist geprägt von Einfachheit und Klarheit. Die Kunst der Romantik hingegen forciert vor allem eine Rückbesinnung auf Emotionen und Naturdarstellungen, während es den Künstlern des Impressionismus insbesondere um die eigenen Wahrnehmungen geht sowie um die Wirkung, die ihre Umwelt auf sie ausübt. Im Expressionismus geht es der Kunst in erster Linie um die Darstellung von Emotionen und subjektiven Erfahrungen, die abstrakte Kunst schließlich wendet sich von der rein gegenständlichen Darstellung ab und trachtet danach, durch originale Farbgebung, Formen und Linien eine neue Realität darzustellen.

So schematisch und skizzenhaft die verschiedenen Kunstphasen hier auch beschrieben sein mögen, so lassen sie doch eines deutlich erkennen: in welch starkem Maße jeweils unterschiedliche Sichtweisen, Standpunkte und Ideologien die Kunst und ihre Ausdrucksmittel geprägt haben und prägen. Bildeten die Antike oder religiöse Aspekte in einige Kunstepochen einen Interessenschwerpunkt, so prägte gleichermaßen aber auch die Abkehr von überkommenen, tradierten Anschauungen neue Realitäten, ebenso wie dies auch unterschiedliche philosophische Richtungen bewirkten, die in ähnlicher Weise nachdrücklich Einfluss nahmen auf die künstlerischen Darstellungsweisen und das Erleben der Kunstschaffenden.

8

Kunst und Künstliche Intelligenz

Möglichkeiten und Grenzen der Künstlichen Intelligenz

Mittels Künstlicher Intelligenz können inzwischen eigenständige Bilder geschaffen, Musikstücke komponiert und Texte verfasst werden. Im Museum of Modern Art in New York sind mittlerweile Exponate von Refik Anadol (* 1985) ausgestellt, die rein digital entstanden sind; sie wurden unter Zuhilfenahme von Künstlicher Intelligenz erzeugt. Im US-Bundesstaat Colorado errang bei einer Kunstausstellung ein künstlich gefertigtes Bild den ersten Preis, da die Jury davon ausgegangen war, dass dieses Bild von einem menschlichen Künstler geschaffen worden sei. Der Sieger war Jason Allen, der im Nachhinein zugab, dieses Bild mithilfe der Künstlichen Intelligenz hergestellt zu haben.

Es gibt mittlerweile verschiedene Programme, bei denen ein bestimmtes Bild gefertigt wird, sobald textlich Kriterien vorgegeben werden, beispielsweise zu Motiv, Stil und Inhalten. Einige dieser Programme sind etwa Dall-E, Midjourney und Stable Diffusion. In diese Programme lassen sich auch Millionen anderer Bilder einspeisen, aus denen dann mittels Künstlicher Intelligenz ein neues Bild kreiert wird. Hier können sich allerdings auch erhebliche Probleme bei der Autorenschaft aus urheberrechtlicher Sicht ergeben, denn die Programme stellen die Bilder aus bereits vorhandenen Bildern zusammen.

Bisher wurde Kunst als eine Möglichkeit verstanden, der Fantasie und Kreativität des Menschen Ausdruck zu verleihen. Lässt sich nunmehr die Kreativität des Menschen durch Künstliche Intelligenz erweitern? Nun, zwar können Bilder und Texte mithilfe Künstlicher Intelligenz geschaffen werden, fraglich ist jedoch, ob bei Gegenüberstellung rein digitaler Ergebnisse und ausschließlich menschlicher Kreativität die Unterschiede nicht erkennbar sind.

Allerdings lassen sich Bilder mit Künstlicher Intelligenz weiterentwickeln. So können mehrere Millionen Bilder als Ausgangspunkt und für die Schaffung eines ganz neuen Bildes durch Künstliche Intelligenz einbezogen werden, auch Werke aus der Kunstgeschichte lassen sich problemlos integrieren. In diesem Prozess wird es zunehmend schwieriger, die Originalität eines Bildes und seine Modifizierung durch Künstliche Intelligenz auseinanderzuhalten. Auf diese Weise verschmelzen Daten demnach also zu einem kollektiven Gedächtnis, das seinerseits eine neue Kreativität hervorbringt. Als Input und Ausgangspunkt dienen beispielsweise viele, viele andere Bilder, um ein genuin eigenes, neues Bild zu kreieren. Kollektive Daten werden zusammengefasst und integriert, um etwas ganz Neues entstehen zu lassen, entweder als Bild oder beispielsweise in Textform.

Auch in der Musik wird mittlerweile mit Künstlicher Intelligenz experimentiert. So gibt es etwa ein Programm, das die zehnte Sinfonie von Ludwig van Beethoven, die bisher unvollendet war, vervollständigt hat. Matthias Röder bat in einem Experiment Zuhörer, die Stelle zu identifizieren, an der die Künstliche Intelligenz das Werk fortgesetzt hat. Dies allerdings gelang längst nicht allen Probanden, lediglich einigen Experten.

Ebenso werden mittlerweile natürlich auch Texte mittels Künstlicher Intelligenz verfasst, wobei dies bisher lediglich bei einfacheren Texten überzeugend gelingt, deren kreative Merkmale recht reduziert sind. Momentan basieren solche Texterstellungen noch auf der Grundlage von Statistik und Wahrscheinlichkeit, während die menschliche Kreativität dabei (noch) deutlich zu kurz kommt.

So sind also zwar inzwischen grandiose Fälschungen berühmter Bilder möglich, dennoch können sie das Original nicht übertreffen. Gleiches gilt etwa für Gedichte, die mittels Künstlicher Intelligenz gefälscht wurden, deren Künstlichkeit jedoch spätestens bei der exakten Textanalyse erkennbar wird. Künstliche Intelligenz wird mittlerweile überall eingesetzt, so etwa bei Sprachassistenten in unserem Handy oder bei diversen Autoassistenten. In der Kunst jedoch kommt der Kreativität in einem außerordentlichen Maße Bedeutung zu, und diese lässt sich in einem solchen Umfang, zumindest bisher, eben ausschließlich durch Menschen realisieren.

Künstliche Intelligenz ist zwar dazu in der Lage, komplexe Aufgaben zu lösen, die Lösung wird allerdings immer nur generiert aus vorgegebenen Informationen. Der Mensch liefert Beispiele von Ergebnissen, die dann jedoch lediglich imitiert oder assoziativ kombiniert werden. So lassen sich beispielsweise auch viele Bilder eines Künstlers digital einbeziehen und berücksichtigen, das neue Bild, das daraus entsteht, ergibt sich aber immer nur aus einer komplexen, für uns nicht mehr überschaubaren Vielzahl von Verbindungen. Was damit gesagt werde soll: Der digitalen Intelligenz fehlen der eigene Wille und die eigene Gedankenwelt. Die menschliche Intuition eines Künstlers kann nicht nachvollzogen werden und lässt sich nicht in Algorithmen zwängen, es sind vielmehr seine Gefühle und seine assoziativen Gedanken, die seine Kreativität beflügeln und hervorbringen.

Die verschiedenen Kunstrichtungen spiegeln zudem immer auch kulturelle Hintergründe wider. Der Künstler ist, ob er sich dessen bewusst ist oder nicht, externen Einflüssen ausgesetzt, die sich in seinem Werk niederschlagen. Künstliche Intelligenz kann solche Einflüsse auf einen Schaffensprozess immer nur teilweise realisieren, da ihr schlichtweg der kulturelle Hintergrund fehlt.

Refik Anadol

Refik Anadol (* 1985) ist einer der bekanntesten Künstler, der mit Künstlicher Intelligenz fantastische Bilder geschaffen hat. Sie wurden bereits in New York und Düsseldorf bewundert, außerdem wurde sein Werk auf dem Weltwirtschaftsgipfel 2023 präsentiert. Algorithmen und Kalkulationen bilden dabei die Grundlage für seine Werke, Kunst, Wissenschaft und Technologie gehen eine Verbindung ein, um die Grenzen unserer Vorstellungskraft aufzuzeigen und eine neue Wahrnehmung von Zeit und Raum zu ermöglichen. In Anadols Bildern drückt sich unsere digitalisierte Welt aus und kreiert neue Wahrnehmungsmöglichkeiten.

Der ‚normale', herkömmliche, also mit analogen Mitteln schaffende Künstler folgt seiner Intuition und seiner Vorstellungskraft, der digitale Künstler benutzt eine Vielzahl von Informationen, um neue bildliche Welten zu erzeugen, die auf selbstlernenden Prozessen beruhen. Eine Möglichkeit besteht etwa darin, Naturfotografien zu digitalisieren, um sie dann in neuer Form zu komprimieren und auf diese Weise völlig andere, ungekannte Sichtweisen zu ermöglichen. Die Verknüpfung und Variation einer Vielzahl von Daten ermöglicht und erzeugt neue Assoziationen und kreative Schöpfungen.

So hat Anadol zum Beispiel über dreihundert Millionen (!) Naturfotografien berücksichtigt, sie anschließend digitalisiert und in neue Zusammenhänge gestellt. Dabei wird eine Vielzahl von Bildern digitalisiert, nach bestimmten Prozessen werden selbstlernende Funktionen aktiviert, um völlig neue Bilder zu schaffen. Farbtöne und Formen werden digitalisiert zusammengesetzt, auf diese Weise entstehen bisher ungekannte Realitäten.

Künstliche Intelligenz schafft neue Möglichkeiten der Kreativität, die, losgelöst von der künstlerischen Intuition, Ergebnisse hervorbringt. Überdies lassen sich neue Bilder in beeindruckender Geschwindigkeit erzeugen, die zum Teil eine überraschende Qualität aufweisen. Zudem ist der kreative Prozess häufig auch derart komplex, dass sich aus der Fülle der digital bereitgestellten Informationen immer wieder neue Ergebnisse gewinnen lassen, obwohl die Grundlagen der Informationen gleichgeblieben sind. Fülle und Komplexität der Informationen sind also unüberschaubar, sodass immer wieder neue und andere Ergebnisse auf der gleichen Datenbasis kreiert werden (können).

Ebenso verhält es sich allerdings auch mit den kreativen Ergebnissen, die analog arbeitende Künstler hervorbringen: Diese Ergebnisse lassen sich nicht immer und nicht eindeutig nachvollziehen, da Intuition und Kreativität äußerst komplexe und miteinander verwobene Vorgänge darstellen. So kann man möglicherweise zu dem folgenden Schluss gelangen: Dass nämlich digitale Bilder vielleicht die gleichen vielschichtigen Strukturen zur Grundlage haben, die unser Bewusstsein nicht mehr in der Lage ist nachzuvollziehen. Denn der menschliche Intellekt ist sehr schnell überfordert, wenn es darum geht, eine Detailfülle im Einzelnen exakt zu rekonstruieren.

‚Normale‘, also analoge Kunst und digitale Kunst lösen die gleichen Gefühle beim Betrachter aus, obwohl die Voraussetzungen ihrer Entstehung sehr unterschiedlich sind. Herkömmliche Kunst wurzelt in und entsteht aus der Intuition des Künstlers, digitale Kunst entsteht aus der unüberschaubaren Vielzahl von Algorithmen, die sich überdies noch zunehmend erweitern lassen und selbstlernende Prozesse auslösen. So bleibt festzuhalten: Kunstwerke mit unterschiedlicher Entstehungsgeschichte evozieren Gedanken und Emotionen, die einander – unabhängig vom Entstehungsprozess – sehr ähnlich sein können. Das menschliche Bewusstsein schafft originelle und originale Kunstwerke, die digitale Kunst ist ebenfalls original, obwohl sich beide Kunstformen aus jeweils ganz unterschiedlichen Quellen und Entstehungsgeschichten speisen.

9

Der Kunstbetrieb – Kunst und ihr Verhältnis zur Wirtschaft

Wie könnte man Künstler beschreiben? Sind es verkannte Genies, die sich mit der Ignoranz ihrer Zeitgenossen auseinanderzusetzen haben? Sind sie zu abhängig vom Kunstbetrieb und von Galeristen? Was macht Kunst überhaupt aus? Wer macht die Kunst und was kostet sie? Ist die Kunst vielleicht auch ein Refugium von originellen Zeitgenossen?

Kunst hat sehr viel mit Einfühlung zu tun. Sobald wir ein Kunstwerk betrachten, werden Gefühle in uns ausgelöst, die sehr unterschiedlicher Natur sein können. Es erfordert Einfühlungsvermögen, um zu verstehen, was der Künstler ausdrücken will. Beim Betrachter kann dies beispielsweise einen Affekt, eine seelische Erregung auslösen, die vom Künstler genau so intendiert ist. Es können sich über das Kunstwerk aber auch unbeabsichtigte und unbewusste Inhalte vermitteln, die dem Künstler in dieser Form selbst nicht zugänglich waren.

Auch die Psychologie des Schönen eröffnet sich uns durch und über unsere Gefühle. Positive Gefühle werden immer dann ausgelöst, wenn wir uns und mit denen wir uns wohlfühlen. Dabei entsteht in der Auseinandersetzung mit dem Bild zugleich ein intensiver Kontakt zum Künstler. Auch die hervorragenden darstellerischen Fähigkeiten des Künstlers lösen in uns Bewunderung aus. Originelle Sichtweisen eröffnen uns neue Perspektiven und erweitern unsere Wahrnehmungsfähigkeit, neue Gefühle, Erkenntnisse und Perspektiven werden so durch gute Kunst vermittelt.

Bei Investitionen in den Kunstmarkt lassen sich im Schnitt 5 bis 10 % Rendite erwirtschaften – von Einzelfällen extremer Ausnahmen mit enormen Wertsteigerungen einmal abgesehen. Die ‚normalen‘, herkömmlichen Investitionen in die Kunst sind aber ohne Weiteres zu vergleichen mit Investitionen etwa in Aktien und Immobilien, wobei gilt: Kurzfristige Investitionen in die Kunst sollten vermieden werden, wichtiger sind Auktionstermine und langfristige Investitionen.

Das eigene Kapital sollte allerdings auch nur zu 10 bis 20 % in Kunst investiert werden, ebenso kann auch die Portfoliobildung auf Kunstinvestitionen bezogen werden. Dabei besteht die Möglichkeit, durch die Auswahl verschiedener Künstler die Anlagesicherheit zu erhöhen, auch die Berücksichtigung von bekannten und weniger bekannten bis hin zu unbekannten Künstlern mag zuweilen von Vorteil sein. Es gibt immer wieder auch Situationen, in denen anfänglich unverkäufliche Kunstwerke im Laufe der Entwicklung enorme Wertsteigerungen erfahren. Ebenso gibt es Investment-Fonds für den Kunstbereich mit dem Vorteil, dass man sich dann nicht um einzelne Künstler bemühen muss, sondern seine Investitionen auf einen großen Bereich streut. In Internet-Datenbanken lassen sich mittlerweile die Preisentwicklungen von bekannten Kunstwerken problemlos verfolgen. Dies erleichtert die Einschätzung enorm und ermöglicht eine objektivere Sichtweise.

Kunst, die von Unternehmen erworben wird, ist möglicherweise auch ein geeignetes Mittel, um die Unternehmenskultur zu verdeutlichen und geistige Hintergründe des Unternehmens darzustellen.

Galerien stellen am Kunstmarkt immer noch den wichtigsten Bereich dar, um einen Überblick über das Marktgeschehen zu erlangen. Sie verfügen zudem manchmal auch über individuelle Beziehungen zu einzelnen Künstlern, die über die betreffende Galerie einen hohen Bekanntheitsgrad erlangen können. Dies ist dann gleichermaßen im Interesse des Künstlers wie im Interesse der Galerie, denn die Galeristen haben häufig den besten Überblick über die Einschätzung von Kunst, auch für Investoren.

Daneben gibt es auch Kunstvereine, die den Markt übersichtlich machen. Aber auch Kunst-Messen sind von enormer Bedeutung, um Künstler herauszustellen und zu protegieren. Will ein Laie mit einer Sammlung beginnen, ist es häufig am ratsamsten, sich auf eine bestimmte Stilepoche oder einen bestimmten Künstler zu konzentrieren.

Selbstverständlich wird der Preis eines Kunstwerkes auch stark von der entsprechenden Nachfrage bestimmt. Es gibt allerdings vielfältige Möglichkeiten der Einflussnahme, um den Preis eines Kunstwerkes zu bestimmen. Dies beginnt bei der künstlichen Seltenheitsdarstellung. Auch manipulierte Parallelpreise können einen starken Einfluss auf die Preisgestaltung haben. Ebenso wirken sich berühmte Vorbesitzer auf den Preis eines Kunstwerkes in nicht unerheblicher Weise aus, zudem ist der Wert eines Kunstwerkes in nicht geringem Maße auch abhängig von Kunstausstellungen und Versteigerungen; beides kann den Wert eines Kunstwerkes beträchtlich in die Höhe treiben.

Ludwig Erhard, einer der erfolgreichsten deutschen Wirtschaftsminister, sagte einmal: Wirtschaft besteht zu 50 % aus Psychologie. Viele Entscheidungen in der Wirtschaft sind psychologischer Natur, auch die Kunst wird ebenfalls stark von der Psychologie beeinflusst.

Die extremen Preise von Kunstwerken sind zuweilen in keiner Weise nachvollziehbar. Lediglich kunstinteressierte Milliardäre können hier vermutet werden, doch sind auch Manipulationen nie ganz auszuschließen, die zur Lancierung scheinbarer Fantasiepreise führen. So wurden etwa Kerzenbilder von Gerhard Richter in London bei einer Versteigerung für 12 Mio. € verkauft. Gerhard Richter sagte dazu: Das ist genau so absurd wie die Bankenkrise, unverständlich und unangenehm.

Joseph Beuys (1921–1986), einer der innovativsten Künstler des 20. Jahrhunderts, stellte unter anderem auch kleinformatige sogenannte ‚Multiples' her mit dem Ziel, die Marktvorherrschaft zu brechen und eine demokratische Kunst zu etablieren. Multiples, zur Erklärung, sind keine Unikate, sondern Editionen mit unterschiedlich hohen Auflagenzahlen, sodass die Preise dabei erschwinglich sein sollten und konnten – auch dies das Statement eines Künstlers gegenüber dem Kunstmarkt und seiner Preisgestaltung.

Den Preis der Kunst bestimmen zudem hochwertige Materialien und die hochbegabten Fertigkeiten ihrer Schöpfer, wobei die ästhetische Anziehungskraft immer auch eine große Rolle spielt. Dabei weitet Kunst aber stets den Blick und stellt Gewohntes infrage. Das teuerste Bild der Welt derzeit stammt, wie die Wirtschaftswoche vom 19.06.2024 ermittelte, von Leonardo da Vinci, es ist sein *Salvator mundi* und liegt bei 450,3 Mio. US-Dollar.[1] Nicht zuletzt durch die Bietertätigkeiten in den Auktionshäusern entstehen zudem exorbitant hohe Preise an einem speziellen Markt, der nur einem kleinen Kreis von Interessenten zugänglich ist. Die meisten Menschen können sich die hohen Preise kaum vorstellen, geschweige denn aufbringen. Erworben

---

[1] https://www.wiwo.de/unternehmen/handel/teuerste-gemaelde-der-welt-2024-die-wertvollsten-kunstwerke-im-aktuellen-ranking/27183662.html.

werden dabei mit dem Besitz von sehr wertvoller Kunst nicht zuletzt auch Anerkennung und Bewunderung, man erwirbt sozusagen Prestige. Zugleich ist (und war) Kunst eine Geldanlage, auch dieser Markt ist aber nur für eine ganz spezielle Interessenten- und Käuferschicht zugänglich.

Insbesondere die moderne Kunst wird von sozialen, politischen und wirtschaftlichen Themen inspiriert, allerdings kann dabei die künstlerische Freiheit durch die Kommerzialisierung der Kunst beeinflusst werden. Auch übt Kunst einen erheblichen Einfluss auf die Wirtschaft aus, z. B. ist auch der Tourismus etwa im Zusammenhang mit Kunst zu denken. Ebenso wirken Sammler, Galerien und Auktionshäuser auf die wirtschaftlichen Aspekte der Kunst erheblich ein. Kunst wird von vielen Sammlern nicht zuletzt immer wieder als Form der Investition betrachtet, da die Wertsteigerung, die durch Kunst erzielt wird, erheblich sein kann. Und nicht zuletzt thematisiert insbesondere die moderne Kunst häufig die wirtschaftliche Realität mit dem Versuch, ihre Hintergründe besser zu verstehen.

Kunst gegen Bezahlung, dies ist absolut kein Novum erst der Moderne, im Gegenteil. Zu allen Zeiten wurde die Kunst auch im Auftrag der Kirche und des Adels hergestellt. In der heutigen Zeit können Maler und Grafiker beispielsweise durch den Verkauf von Drucken und Kopien ihrer Werke Geld verdienen. In diesem Zusammenhang ist es bemerkenswert festzustellen, dass sich traditionelle Landschaften am besten verkaufen.

Andy Warhol hat mit seinen Bildern gesellschaftliche Kritik geübt. Er beschäftigte über hundert Mitarbeitende, die auf seine Anweisung hin Kunstwerke in seinem Sinne ausführten. Kunst wird also auch zum Zweck des kommerziellen Erfolgs hergestellt, sie kann also durchaus eine persönlich motivierte Bedeutung haben und sich zugleich mit kommerziellen Absichten verbinden.

Auch die Bedeutung von Markttrends ist für Künstler von großer Bedeutung und keinesfalls zu vernachlässigen, ebenso wie heutzutage auch eine Online-Präsenz, die den wirtschaftlichen Interessen des Kunstschaffenden in erheblichem Maße entgegenkommt. Für den kommerziell orientierten Künstler ist es stets wichtig, die Bedürfnisse des Zielpublikums zu erfassen, um ihnen gerecht zu werden. Er kann seine Bilder und andere Kunstwerke auch über Galerien bekannt machen, ebenso kann sich Auftragskunst im digitalen Bereich abspielen. So bieten Künstler etwa ihre Werke digital an, um entlang der Nachfrage dann ihren eigenen Stil zu entwickeln. Aber auch ein einzigartiger, eigener Kunststil ist durchaus dazu geeignet, das wirtschaftliche Interesse zu erhöhen.

Individuelle Stilrichtungen können den Wert der eigenen Kunstwerke steigern, zudem hat sich die digitale Resonanz als äußerst effizient erwiesen, da sie auf einfache Art und Weise Aufmerksamkeit generiert. Auch die Erstellung von Drucken der eigenen Kunstwerke in limitierte Auflage kann wirtschaftlich interessant sein, eins der besten Beispiele hierfür war, wie gesagt, Andy Warhol. Seine globalen Kunstverkäufe erreichten im Jahr 2022 sage und schreibe 10,8 Mrd. US-Dollar, was die die enorme Bedeutung der Ausnutzung digitaler Möglichkeiten in unserer Zeit nachdrücklich unterstreicht. Aber natürlich können auch Kunstausstellungen und Kunstmessen die Aufmerksamkeit auf die eigenen Kunstwerke in besonderem Maße lenken.

Wie also lässt sich mit Kunst Geld verdienen? Man kann eigene Kunstwerke über Ausstellungen, Galerien und Online-Marktplätze anbieten und verkaufen, man kann auch Kunstkurse anbieten, um sein eigenes Know-how weiterzugeben, etwa um (noch) unsichere Künstler zu motivieren. Auch Kunstlizenzen bieten sich als Einnahmequelle an, indem man die Erlaubnis zu Nachdrucken erteilt und diese an Kunst interessierten Unternehmen anbietet. Denn Kunst spielt nicht selten eine große Rolle im

Marketingbereich, sofern es darum geht, ein anspruchsvolles Publikum anzusprechen. Außerdem gibt es daneben Unternehmen, die Auftragsarbeiten an Künstler vergeben, um ihr eigenes Umfeld aufzuwerten. Zudem bietet sich dem Künstler zur Aufwertung des eigenen Images an, Netzwerke mit anderen Künstlern und/oder mit Galerien aufzubauen, die den eigenen Bekanntheits- und Beliebtheitsgrad erhöhen. Ferner lasse sich Fördergelder für Künstler, die von engagierten Kunstliebhabern bereitgestellt werden, akquirieren, hier muss der Kunstschaffende allerdings aktiv sein, um entsprechende Kontakte herzustellen.

Nicht erst im Mittelalter wurden Künstler von Kirchen, Klöstern und Adelshäusern beauftragt, Kunstwerke zu erstellen. Hierzu gehörten Altarbilder, Skulpturen biblischer Figuren und religiöse Wandbilder, die Einblick in religiöse Vorgänge geben und bestenfalls erhellen sollten. Auch der Adel versuchte, über die Kunst und seine Kunstaffinität seine Besonderheit herauszustellen. Ebenfalls bei der Errichtung und Ausgestaltung von sakralen Bauwerken wie Kathedralen oder weltlichen Projekten wie Burgen wurde auf die Kooperation mit Künstlern zurückgegriffen. Bereits die Griechen und Römer vergaben Auftragsarbeiten an Künstler, häufig zur besonderen Stilisierung von Göttern oder Königen.

Die Beziehung zwischen Kunst und Wirtschaft ist sehr komplex. Finanzielle Unabhängigkeit kann die Möglichkeit und Kreativität des Künstlers selbstverständlich enorm erhöhen. Zugleich wird der Kunstmarkt von Angebot und Nachfrage bestimmt. So erhöht sich der Wert eines Kunstwerkes selbstverständlich durch eine starke Nachfrage. Kunstwerke können immer auch als Investitionen gesehen werden, um finanzielle Gewinne zu erzielen. Die Absicht des Künstlers, sich über seine Werke finanzielle Vorteile zu verschaffen, kann zur Einschränkung seiner Kreativität führen. Finanzielle und künstlerische Aspekte müssen also zueinander in einem abgewogenen Verhältnis stehen, um ein optimales Ergebnis zu erzielen.

Bereits in der Renaissance gab es eine enge Verknüpfung zwischen Kunst und Geld. Insbesondere in Venedig nahm die Kunst während dieser Epoche eine absolut zentrale Rolle ein. Die wohlhabende Familie Medici förderte die Kunst in herausragender Weise, zugleich waren aber immer auch finanzielle Interessen in beträchtlichem Maße handlungsleitend. Auf diese Weise bestimmten und prägten die Medici über dreihundert Jahre die wirtschaftliche und künstlerische Umgebung von Florenz. Sie förderten berühmte Künstler wie Botticelli, Leonardo, Michelangelo und Galilei.

Kunst und Wirtschaft stehen oftmals in einem Spannungsverhältnis zueinander. Während sich die Kunst stärker auf die emotionale Seite bezieht und der Selbstentfaltung dient, bildet die wirtschaftliche Seite häufig erst die Grundlage für eine freie Kunstentfaltung. Kunst kann den kommerziellen Erfolg fördern, wirtschaftliche Voraussetzungen können die Freiräume für die Kunst vergrößern – in diesem gegenseitigen Wechselverhältnis ist die Kunstproduktion zu sehen. Insofern bilden beispielsweise Galerien und Kunstmessen eine Grundlage für die Entfaltung der Kunst, da sie die wirtschaftlichen Aspekte der Kunst unterstützen. Kunst und Kommerz fördern sich also gegenseitig und stehen in einem abgewogenen Verhältnis zueinander, wenn sie erfolgreich sein wollen.

Empfohlene Literatur

Aristoteles: Philosophische Schriften in sechs Bänden. Hrsg. v. Günter Bien, Wolfgang Detel, Claus Corcilius, Hermann Bonitz, Eugen Rolfes. Felix Meiner Verlag, Hamburg 2019.

Beckert, Jens und Jörg Rössel: Kunst und Preise. Reputation als Mechanismus der Reduktion von Ungewissheit auf dem Kunstmarkt, in: Kölner Zeitschrift für Soziologie und Sozialpsychologie Nr. 56, 2004, S. 32–50.

Behfeld, Mona und Peter Sinapius: Kritik und Philosophie der therapeutischen Praxis. Handbuch Künstlerischer Therapien. Vandenhoeck & Ruprecht, Göttingen 2021.

Belting, Hans, Heinrich Dilly, Wolfgang Kemp, Willibald Sauerländer, Martin Warnke (Hrsg.): Kunstgeschichte – Eine Einführung . 7., überarb. und erw. Auflage. Reimer, Berlin 2008.

Benjamin, Walter: Ursprung des deutschen Trauerspiels. 1928.

Boll, Dirk: Kunst ist käuflich – Freie Sicht auf den Kunstmarkt. 2., überarb. Auflage. Hatje Cantz, Ostfildern 2011.

Braem, Harald: Die Macht der Farben. Langen/Müller, München 2003.

Britt, David: Modern Art – Impressionism to Post-Modernism. Thames & Hudson, London 2007.

Buchheim, Thomas u. a. (Hrsg.): Kann man heute noch etwas anfangen mit Aristoteles? Felix Meiner Verlag, Hamburg 2003.

A. Kitzmann, *Kunst, Psyche und Wirtschaft*,
https://doi.org/10.1007/978-3-658-45530-9

Dannecker, Karin: Psyche und Ästhetik. Die Transformationen der Kunsttherapie. 3. Auflage. Medizinisch Wissenschaftliche Verlagsgesellschaft, Berlin 2014.

Dietzsch, Steffen: Immanuel Kant. Eine Biographie. Reclam, Leipzig 2003.

Eckermann, Johann Peter: Gespräche mit Goethe. Hrsg. v. Christoph Michel unter Mitwirkung von Hans Grüters. Ideenbrücke, Frankfurt/Main 2011.

Epikur: Wege zum Glück. Hrsg. u. übers. von Rainer Nickel. De Gruyter, Düsseldorf/Zürich 2005.

Epikur: Philosophie der Freude. Eine Auswahl aus seinen Schriften. Übers., erläutert und eingeleitet v. Paul M. Laskowsky. Insel Verlag, Frankfurt/Main 1988.

Freud, Sigmund: Hauptwerke: 3 Bände im Schuber, Nikol, Hamburg 2020

Gigerenzer, Gerd: Klick. Wie wir in einer digitalen Welt die Kontrolle behalten und die richtigen Entscheidungen treffen. Bertelsmann, München 2021.

Goethe, Johann Wolfgang von: Italienische Reise. Europäischer Literaturverlag, Frankfurt/Main 2018.

Harari, Yuval Noah: Homo Deus. Eine Geschichte von Morgen. C. H. Beck, München 2017.

Held, Jutta und Norbert Schneider: Grundzüge der Kunstwissenschaft, UTB, Böhlau 2007.

Heller, Eva: Wie Farben auf Gefühl und Verstand wirken. Knaur, Droemer 2000.

Höffe, Otfried: Immanuel Kant. 7. Auflage. C. H. Beck Verlag, München 2007.

Horkheimer, Max: Die gesellschaftliche Funktion der Philosophie. Ausgewählte Essays. Suhrkamp, Frankfurt/Main 1988.

Kurz, Gerhard von: Metapher, Allegorie, Symbol. 6. Auflage. Vandenhoeck & Ruprecht, Göttingen 2009.

Lehr, Dirk: Die 10 Gebote für den Kunstkauf. Salon Verlag & Edition, 2023.

Mayer, Horst O.: Einführung in die Wahrnehmungs-, Lern- und Werbepsychologie. Oldenbourg, München 2005.

Meurer, Alfred: Industrie- und Technikallegorien der Kaiserzeit, Ikonographie und Typologie. Verlag und Datenbank für Geisteswissenschaften (VDG), Weimar 2014.

Phillips, Sam: Moderne Kunst verstehen – Vom Impressionismus ins 21. Jahrhundert. A. Seemann/Henschel, Leipzig 2013.

Rapaille, Claude: Der KulturCode. Riemann Verlag, München 2006.

Schneider, Norbert: Geschichte der Ästhetik von der Aufklärung bis zur Postmoderne. 7. Auflage. Reclam, Stuttgart 2021.

Spierling, Volker: Kleines Schopenhauer-Lexikon. Reclam, Ditzingen 2010.

Strelecky, John: Das Café am Rande der Welt. Eine Erzählung über den Sinn des Lebens. 55. Auflage. dtv, München 2021.

Vattimo, Gianni: Nietzsche – Eine Einführung. J. B. Metzler, Stuttgart 1992.

Völker, Wolfram (Hrsg.): Was ist gute Kunst? Hatje Cantz, Ostfildern 2001.

Vollmar, Klausbernd: Psychologie der Farben. Königsfurth-Urania, Kiel 2017.

Volpi, Franco (Hrsg.): Arthur Schopenhauer. Die Kunst, glücklich zu sein. 7., unveränderte Auflage. C. H. Beck, München 1999.

Wolfschmidt, Gudrun (Hrsg.): Farben in Kulturgeschichte und Naturwissenschaft. Tredition, Hamburg 2011.

Zaborowski, Holger (Hrsg.): Martin Heidegger, Holzwege. De Gruyter, Berlin 2024)

Internetquellen

https://www.aphorismen.de/zitat/566, abgerufen 26.06.2024.

https://www.kalaidos-fh.ch/de-CH/Blog/Posts/Archiv/wp-1121-Wirtschaft-ist-Psychologie, abgerufen 26.06.2024

http://www.kunstzitate.de/bildendekunst/kuenstlerueberkunst/gogh_vincent_van.htm, abgerufen 26.06.2024.

https://speakture.ch/blog/deshalb-liebt-unser-gehirn-bilder/, abgerufen 26.06.2024.

Weitere Veröffentlichungen von Arnold Kitzmann

Kitzmann, Arnold: Das Psychoanalytische Erstinterview. Kitzmann, Ulm 1973.

Kitzmann, Arnold: Arbeitstexte zur Betriebswirtschaft. Ryborsch Verlag, Obertshausen1981.

Kitzmann, Arnold und Dieter Zimmer: Grundlagen der Personalentwicklung. Lexika Verlag, Weil der Stadt 1982.

Arnold Kitzmann: Assessment Center. 3. Auflage. Bayerische Verlagsanstalt, München 1990.

Kitzmann, Arnold: Persönliche Arbeitstechniken und Zeitmanagement. 2. Auflage. expert Verlag, Renningen,1994.

Kitzmann, Arnold: Massenpsychologie und Börse. Gabler Verlag, Wiesbaden 2009.

Kitzmann, Arnold: Glück und Positives Denken. Springer Verlag, Wiesbaden 2020

Kitzmann, Arnold: Künstliche Intelligenz. Springer Verlag, Wiesbaden 2022.

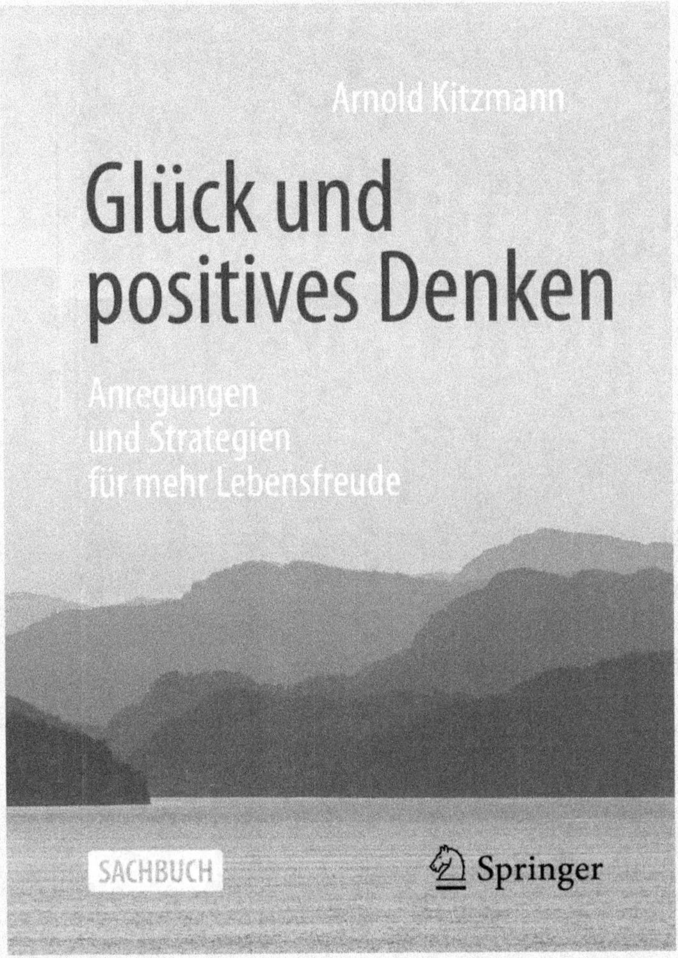

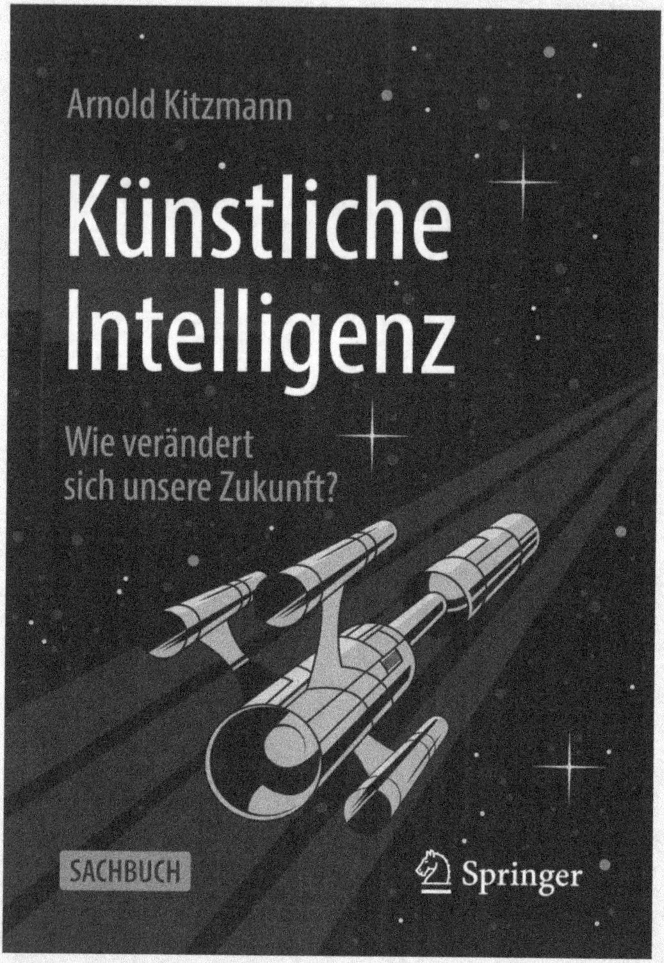

GPSR Compliance
The European Union's (EU) General Product Safety Regulation (GPSR) is a set
of rules that requires consumer products to be safe and our obligations to
ensure this.

If you have any concerns about our products, you can contact us on

ProductSafety@springernature.com

In case Publisher is established outside the EU, the EU authorized
representative is:

Springer Nature Customer Service Center GmbH
Europaplatz 3
69115 Heidelberg, Germany